U0910734

妈妈宝宝系列

吴光驰 编著

0~3岁宝宝益智亲子游戏

中国纺织出版社

0~3岁宝宝
益智
亲子游戏

前言

从出生到3岁这个阶段，是宝宝成长发展最快的时期。在这段时间，宝宝的吸收能力超强，他们的理解或接受能力，有时强到我们难以想象。尽管宝宝之间存在个体差异，但只要爸爸妈妈有心，他们都可以成为天才！

游戏是促进宝宝发育的重要方式

在最初的几年里，宝宝所接触到的一切，都会深远地影响着他将来的情志。父母通过与宝宝做游戏，不仅可以让宝宝开心度过每一天，更重要的是能开启他的未来之路。

比如，学习精细运动和粗放运动技能，可以达到身体上的成长；在游戏中思考、发现和解决问题，可达到认知上的成长；学习沟通、接受和表达，可促进语言的发展；与他人互动，则能达到社交技能的提高。此外，宝宝在游戏过程中还能形成更多的自我认同，掌握情绪的表达并能合理管理自己的情绪，从而达到心理上的成长……

本书能为你提供的

本书以年龄为划分方式，为不同阶段的宝宝创设了适合本阶段做的游戏，详细列出了每一种游戏所需的材料和步骤。为了让游戏更有趣，本书还设置了衍生游戏。另外，书中提到的安全提示确保宝宝在游戏中不会受伤。当然更少不了介绍游戏能为宝宝带来的益处，这会让爸爸妈妈在和宝宝玩游戏时更有目的性。

每一个宝宝都是天才，父母所要做的就是发掘天才，并做出正确的引导。与宝宝游戏时，父母可以及时发现宝宝的兴趣、特点，并据此及时调整教养方案，更好地挖掘宝宝的潜能。亲子游戏还会给父母带来很多意想不到的收获，游戏所带来的欢快情绪会冲淡一切烦恼与压力，让你重回童年的美好时光，感受人生的真谛。

0~3岁宝宝
益智
亲子游戏

目录

3~6个月 认识自己、爸爸和妈妈 / 51

6~9个月 关心自己和家人，渴望交流 / 77

四处探险，认识更多的东西 / 109

1岁~1岁半

1岁半~2岁

在模仿中学习 / 195

和小朋友一起玩 / 231

附录 / 264

专题：0~1岁宝宝的玩具箱

年龄	名称	品质要求	使用方法
1 个月	充气玩具 吊挂玩具	色彩鲜艳、造型精美、易于清洗，无毒、无害。	悬挂在宝宝的床头及周围 3 米以内，每隔 2~3 天轮流更换。
2~3 个月	吊挂玩具 可发声的橡胶玩具 摇铃玩具	颜色鲜艳、声音悦耳、造型逼真，树脂或塑料制品，可以清洗、消毒。	悬挂在宝宝的床头及周围 3 米以内，定期轮换。
4 个月	会翻跟头的小猴子等电动玩具	形象可爱、声音悦耳、造型逼真，树脂、塑料或毛绒外壳的玩具，最好可以清洗。	打开开关或上紧发条，玩具可以移动，或伴有音乐和动作。宝宝会认真地观察玩具。
5 个月	宝宝画报	最好是塑料材质的不易撕坏的书。色彩鲜艳、印刷精美逼真、内容简单、图形较大的画面。	先看一些简单的画，如一个苹果、一张床、一只猫，逐渐看其他的物品、景色和花草等。
6 个月	小彩球	颜色鲜艳、造型精美，宝宝用两只手或一只手能抱住，易于清洗、消毒。	宝宝对能动的一切物品感兴趣，能滚动的彩球和摆来摆去的不倒翁非常有吸引力，他会随着滚动的彩球翻身或爬行嬉戏。

年龄	名称	品质要求	使用方法
7 个月	小鸭子、小海豚等戏水玩具	颜色鲜艳、造型精美，塑料制品，可以清洗、消毒。	宝宝会独坐后，洗澡时在浴盆中玩，或者坐在水盆边玩。
8 个月	套叠玩具	颜色鲜艳、造型精美，树脂制品，可以清洗、消毒。	父母可以示范给宝宝，将套环一个一个套在立柱上。
9 个月	惯性车	颜色鲜艳、造型精美，树脂制品，可以清洗、消毒。如果有一些大块的可拆卸的组件（方块、圆柱或开车的小人）就更好。	让宝宝推着车在地上爬来爬去，爬累了，可以把车上的组件拆开，再组装，装了再拆。
10 个月	积木	造型精美，形状各异，可选择色彩鲜艳的塑料积木，也可选择无漆的木制积木。	父母给宝宝示范，一块一块搭起来，宝宝搭上一块就要表扬他。开始可能搭不整齐，通过练习会搭得越来越好。
11 个月	小乌龟、小鸭子等动物或汽车造型的拖拉玩具	颜色鲜艳、声音悦耳、造型精美，树脂或塑料制品，可以清洗。	让宝宝学着拖拉着玩具走来走去，提高宝宝学走的兴趣。
12 个月	儿童三轮车	有安全认证标志的知名品牌的产品，最好带有推车扶手。	可以让宝宝推车练习行走，也可以教宝宝练习骑车，开始要由父母扶住车子，防止宝宝侧摔。

0~3岁宝宝
益智
亲子游戏

引导宝宝熟悉外面的世界

刚出生的宝宝，头比身体要大，脚也呈游泳状地摊开，动作会显得笨拙，在产后一个月内，几乎整天都在睡觉，睡和哭占据了这一阶段的大半时光。这一阶段的宝宝，对声音已经有了单纯反应，虽然有视觉，但还无法分辨眼前的是人还是物，虽然会常常对某一点凝视，然而看到的只是“一团”或是“一点”。

在出生的第一个月里，要让宝宝和妈妈一起做游戏还有困难，但是这并不妨碍宝宝对游戏的的反应。妈妈可以做一些简单的声音游戏或皮肤触摸游戏，一样会带给宝宝小小的惊喜，宝宝也可以借声音来分辨妈妈，当他听到妈妈的声音时会更有安全感。

表情变变变

逗笑

益智游戏好处多

从宝宝出生的第一天起，父母就要经常逗他笑，渐渐地宝宝就会学会在大人逗乐时报以微笑，这是他学习的第一个条件反射。宝宝最初的笑声能极大地刺激宝宝的智力发育，而父母也可以由此理解宝宝的心情。

- 随时随地
- 宝宝兴致较高时或刚睡醒时效果更好
- 游戏时间：3~5分钟

材料准备：带响声的玩具，轻柔的音乐

游戏步骤

1 在宝宝情绪好时，与他面对面对视，相距约20厘米，宝宝会紧盯着你的脸和眼睛。

2 当你们的目光碰在一起时，即和宝宝进行无声的语言交流，并作出多种面部表情，如张嘴、伸舌、龇牙、鼓腮、微笑等。

3 当宝宝被逗笑后，跟着宝宝一起笑。

也可以这样玩

让爸爸、妈妈、爷爷、奶奶等所有人在宝宝睡醒的时候目光直视，和宝宝轻轻地说话，轻轻地微笑，或者放一些轻柔的音乐，拿一些带响声的玩具，通过好听的铃声来逗宝宝笑，和宝宝交流。

智力直通车

大人逗乐是一种外界刺激，它不同于宝宝自己在睡觉时脸部肌肉收缩的笑。

婴儿常在10~20天左右学会逗笑，过7~10天宝宝会笑出声音，这是一个应该记录的日期。当宝宝第一次出现逗笑时，切记记录下日期，作为宝宝心理发展的重要资料。

如果42天宝宝仍不会逗笑应当密切观察，到56天还不会，宝宝就可能存在智力问题了。

拨浪鼓，咚咚响

听力练习

益智游戏好处多

此时的宝宝，听力的发展明显快于其他能力，可以适当为宝宝创造声音方面的情境。这个游戏不仅可以帮助宝宝感受声音的节奏，还能训练宝宝精细动作的能力，抓握物体可以锻炼宝宝手指及手腕的活动能力，增强其肌肉强度。

- 随时随地
- 宝宝兴致较高时效果更好
- 游戏时间：3分钟

材料准备： 拨浪鼓

游戏步骤

1 在宝宝面前拿起拨浪鼓，轻轻摇晃几下，发出“咚咚”的声响，吸引宝宝的注意。

2 拿起宝宝的小手，帮他抓握住拨浪鼓。

3 一边摇晃，一边说儿歌：“拨浪鼓，咚咚响，宝宝敲，宝宝笑。”

4 妈妈说到“咚咚响”的时候，轻轻摇晃拨浪鼓，然后停顿一下；说：“宝宝敲，宝宝笑”时，要注视着宝宝，逗宝宝笑。

也可以这样玩

在宝宝的眼前、背后、左侧、右侧发出声音，让宝宝朝妈妈发出声音的地方转过头去追寻声音。当宝宝对声音的反应渐渐敏感时，听力就会有所发展。

安全提示

小宝宝的耳膜非常脆弱，摇动拨浪鼓时，幅度和力度都不要太大，要柔和，否则可能会形成噪音，妨碍宝宝听力的健康发展，甚至造成日后的拒听。

对面的宝宝看过来
注视锻炼

益智游戏好处多

刚出生的宝宝只对黑白的东西感兴趣，这是因为高对比度的黑白图形对宝宝最有刺激性。这个游戏可以锻炼宝宝的视力，尤其是注视静物的能力。

- 室内光线较好时
- 宝宝安静的时候
- 游戏时间：3~5分钟

材料准备：几张黑白的卡片，如有靶心图、大方块、各种形状的简单图形

游戏步骤

1 将这些简单的黑白图形依次让宝宝看。每次只看一张，时间不要太长。

2 宝宝的眼睛注视哪张图片的时间长，就说明对哪种图片的图形感兴趣。这时可以给宝宝讲一讲这张卡片上的图形。

也可以这样玩

在宝宝床栏的右侧挂上父母自画的黑白脸形，大小与人脸相仿。先画似妈妈的脸形，让宝宝在睡醒时观看，父母可用钟表记录宝宝集中观看的时间。新的图形会引起宝宝注视 7~13 秒。当宝宝看熟了一幅图后，注视时间即缩短到 3~4 秒，这时就应该换另一幅图。

也可以在宝宝卧位的上方，挂一些彩色的花环、气球等。每次挂一件，定时更换，最好是红色、绿色或能发出响声的玩具。触动这些玩具，能引起宝宝的兴趣，使他的视力集中到这些玩具上。每次几分钟，每日数次。

智力直通车

观察注视时间是第一个测验宝宝智力的方法。宝宝以时间反应的长短来区分新图和旧图，表明新生儿具有分辨能力和记忆能力。可在给宝宝看图时，对宝宝说话、逗笑以缓解其疲劳，使这种视力分辨与视力记忆训练成为快乐的活动。

看这里，看那里

追视锻炼

益智游戏好处多

1个月以内的宝宝对移动的物体非常感兴趣，通过玩具或人物的移动来引导宝宝四处看，不仅能起到止哭的效果，还可刺激宝宝的视觉发育，锻炼宝宝眼球的协调性、灵活性和敏感性。

- 随时随地
- 宝宝兴致较高时效果更好
- 游戏时间：3~5分钟

材料准备： 彩色带响声的玩具

游戏步骤

1 让宝宝舒服地躺在小床上，在距宝宝眼睛20~25厘米处，将彩色带响声的玩具边摇边缓慢移动，使宝宝的视线随玩具移动。

2 让玩具上下左右，由远及近，由近及远地出现，观察宝宝的视线是否也会追随玩具而动，一天可反复做三四次，每次时间不宜过长。

3 和宝宝面对面，待宝宝看清你的脸后，边呼喊宝宝的名字，边移动脸，宝宝会随着你的脸和声音移动，以此促进宝宝视听识别能力和记忆能力的健康发展。

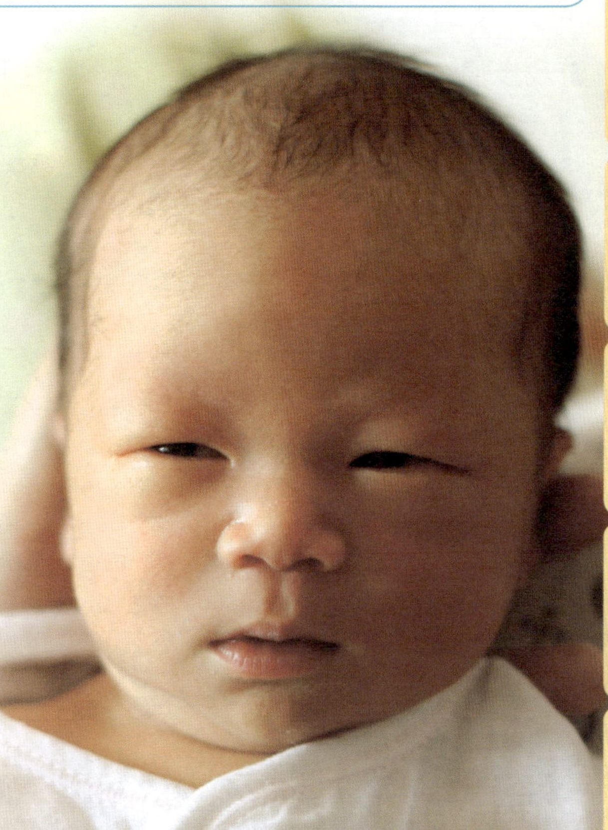

也可以这样玩

将宝宝放在清洁、明亮、空气新鲜的环境中（光线不能太强，以能看清亲人的表情为准），并经常在其视线内走动，让宝宝看到亲人的陪伴，同时对宝宝说话和微笑，使他注视你，并让他的视线追随你移动。

智力直通车

宝宝刚出生的时候视力范围仅在眼前半米左右，而且只能直视，要慢慢锻炼宝宝目光随物体移动的能力，这是促进宝宝大脑发育的重要手段，如果宝宝到了8个月追视能力还有问题，那就应该就医检查了。

玩具在哪里
认识物体的恒存性

益智游戏好处多

对刚刚出生的宝宝来说，这是一个全新的世界，所以他需要很多时间来了解周围的环境。这个游戏可以帮助他锻炼他的预期能力、认知能力、思维能力，让他初步认识到物体的恒存性与稳定性。

- 随时随地
- 宝宝兴致较高时效果更好
- 游戏时间：3~5分钟

材料准备：柔软、颜色鲜艳的玩具，盒子或桶，毛巾或布

游戏步骤

1 把几件彩色玩具放在盒子或桶里。

2 让宝宝舒适地躺在床上，坐在他对面。

3 把一件玩具从盒子里拿出来，拿给宝宝看。把玩具靠近你的脸，然后对宝宝说话，吸引他的注意力。

4 当宝宝注视的时候，用毛巾把玩具遮起来，对宝宝说："不见了！没有了！"

5 等几秒种，然后拿掉盖住玩具的毛巾，快乐地宣布："在这里！"

6 用不同的玩具反复进行。

也可以这样玩

把玩具藏到毛巾下面几次之后，再把玩具放到宝宝看不见的地方。当宝宝发现发生了什么事情时，注意观察他的反应，然后再一次把玩具拿进宝宝视线之内。尝试不同的藏匿地点，以保持宝宝的兴趣。

安全提示

如果宝宝在玩具消失时感到沮丧，那么藏玩具的时候放慢动作，让他知道你在做什么。注意不要遮住玩具太久。

手套脸谱
认识面部特征

益智游戏好处多

1个月以内的宝宝大都喜欢注视人的脸，所以眼睛、鼻子或嘴巴都会吸引宝宝的注意力，这个游戏正切合了宝宝的这个特点，它可以训练宝宝的专注度，还能初步锻炼宝宝对面部特征的认知能力。

- 随时随地
- 宝宝安静时效果更好
- 游戏时间：3~5分钟

材料准备：白色手套、剪刀、水彩笔

游戏步骤

1 将一只手套的指头部分剪掉。

2 用水彩笔在手套的手掌部分画一张脸。眼睛和嘴巴要大，色彩要明亮而丰富。

3 把手套套在你的手上。

4 摆动你的手指，慢慢移动手掌上的脸谱，让宝宝和手套脸谱做朋友，一起唱歌、讲故事、聊天。

也可以这样玩

制作立体的手套脸谱。在手套上缝或粘上会动的眼睛，用红色水彩笔画一张嘴巴，并加上一个绒球鼻子。这样的形象更能吸引宝宝的注意力。

安全提示

假如宝宝抓住了手套脸谱，可能会立刻往嘴里放，所以要确保眼睛、嘴巴和鼻子都牢牢固定在手套上面，以防宝宝咬掉吞下。

手脚动不停
感觉锻炼

益智游戏好处多

手脚游戏不仅能锻炼宝宝的手眼协调能力、肌肉的运动和控制能力，还能帮宝宝建立身体意识，锻炼感觉能力。

- 随时随地
- 宝宝兴致较高时效果更好
- 游戏时间：3~5分钟

材料准备：柔软的毯子或婴儿椅

游戏步骤

1 让宝宝仰躺在一张柔软的毯子上，在他旁边坐下，让他看得见你。

2 和宝宝玩双手游戏时，可以念一念下面的儿歌：蛋糕师，拜托你（牵起宝宝的双手，把他的手掌对拍），赶快为我烤蛋糕（重复拍手）；揉一揉（揉宝宝的手），拍一拍（轻拍宝宝的双手），蛋糕上面画个“I”（在宝宝的手中间画一个“I”）；放在烤箱里，送给我的好宝宝（轻戳宝宝的肚子）。

也可以这样玩

也可以在宝宝的脚上试玩这种游戏。可以选择下面这首儿歌：

这只小猪去市场，
(摇摇大脚趾)，
这只小猪在家里，
(摇摇第2根脚趾)，
这只小猪吃牛肉，
(摇摇第3根脚趾)，
这只小猪肚空空，
(摇摇第4根脚趾)，
这只小猪哼哼叫。
(摇摇小脚趾)。

安全提示

宝宝的手脚非常娇嫩，玩的时候，握住或移动宝宝的手脚时一定要轻柔。

宝宝按摩
建立身体意识

益智游戏好处多

宝宝一出生就会对触摸有反应。为宝宝做按摩，可以让他享受抚触带来的愉悦感。不仅使他具备身体意识和触觉感受能力，还能培养他对社交互动的向往。

- 随时随地
- 宝宝洗完澡后效果更好
- 游戏时间：3~5分钟

材料准备：毯子或毛巾、婴儿油

游戏步骤

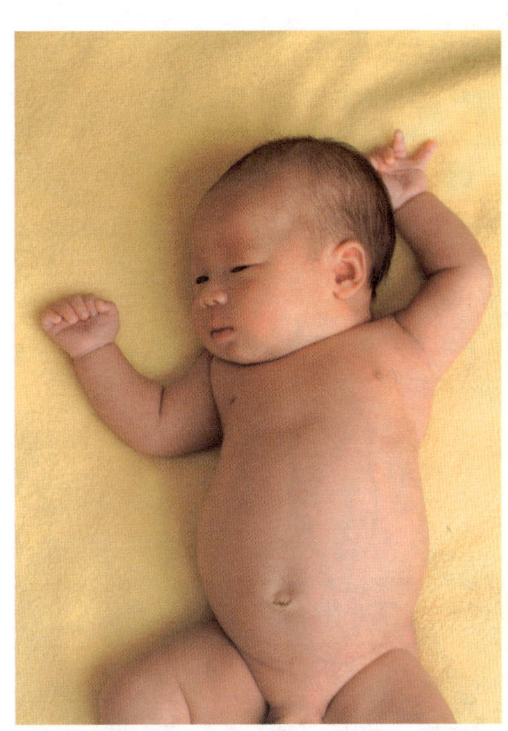

1 在柔软的地毯上再铺上一块毯子或毛巾，或者也可在床上进行。

2 给宝宝脱掉衣服，让他趴在毯子或床上。

3 在你的手上倒一些婴儿油，双手互搓使婴儿油变得温热。

4 轻轻地按摩宝宝的脖子和肩膀，然后从胳膊向下到双手，再从背部向下到屁股，再向下到腿，然后是脚。按摩力度要适中，不要太用力，也不要只是搓皮肤。

5 随时观察宝宝的反应，若宝宝很配合，或显得很兴奋，可以帮宝宝翻个身，再倒一些婴儿油，重复按摩一次。

也可以这样玩

给宝宝按摩可随时进行，尤其是夏天，在哺乳、洗澡、或是在公园里坐坐的时候，都可以按摩宝宝的一只脚或手，这时也可不用婴儿油，但手法要更轻柔，以免损伤宝宝娇嫩的肌肤。

抚触要轻柔，以免造成任何刺痛。确定宝宝对你使用的婴儿油不会过敏。避免碰到宝宝的脸，以免婴儿油进入宝宝的眼睛。

嘴巴的音乐
感受不同的声音

益智游戏好处多

宝宝对爸爸妈妈发出的声音特别好奇，用你的嘴巴模仿各种乐器的声音，宝宝会格外兴奋。这个游戏可以引导宝宝寻找和确定声源的位置，锻炼宝宝的听觉辨别能力，也可以引导宝宝模仿声音，对宝宝的语言发展很有意义。

- 随时随地
- 宝宝兴致较高时效果更好
- 游戏时间：3~5分钟

材料准备：无需任何材料

游戏步骤

1 把宝宝抱在你的大腿上，面对着你，让他可以看清楚你的脸。

2 用你的嘴巴发出声音，如亲吻声、咂咂声、尖叫声、水流声及咕咕声，或者吹口哨、唱歌和哼曲子，还可以模仿动物的叫声，等等。

3 观察宝宝的反应，看看他对哪种动物声音最感兴趣，给宝宝讲讲这个动物的故事。

也可以这样玩

使用一些道具来加强嘴巴的音乐练习，如笛子、口琴、玩具号角、卷筒卫生纸芯做的扩音器，或是把草叶夹在你的两根大拇指间放到嘴里当口哨吹。

安全提示

任何声音都不要太大，以免伤害宝宝的听力。如果有一种声音令宝宝感到困扰，就不要再发出这种声音。

翻来翻去
建立方向感

益智游戏好处多

宝宝需要几个月的时间来学会完全控制自己的身体动作，在他出生后的最初几个星期，你可以用这个游戏来协助他。到了4～6个月大的时候，宝宝就能很熟练地翻身了。这个游戏还可以帮助宝宝建立方向感，锻炼肌肉控制能力。

- 随时随地
- 宝宝兴致较高时效果更好
- 游戏时间：3~5分钟

材料准备： 柔软的毯子或毛巾、铺着柔软地毯的地板

游戏步骤

1 在柔软的地毯上铺上一块柔软的毯子或毛巾。

2 让宝宝仰躺在毯子上。

3 拿起毯子的一端，缓缓拉起，让宝宝身体倾斜。

4 慢慢地帮宝宝翻身，一边做一边对他说话，同时用一只手帮忙停住他或引导他。

5 宝宝翻过身的时候，表现出你的愉悦，以鼓励宝宝。

6 重复动作，直到宝宝厌倦这个游戏为止。

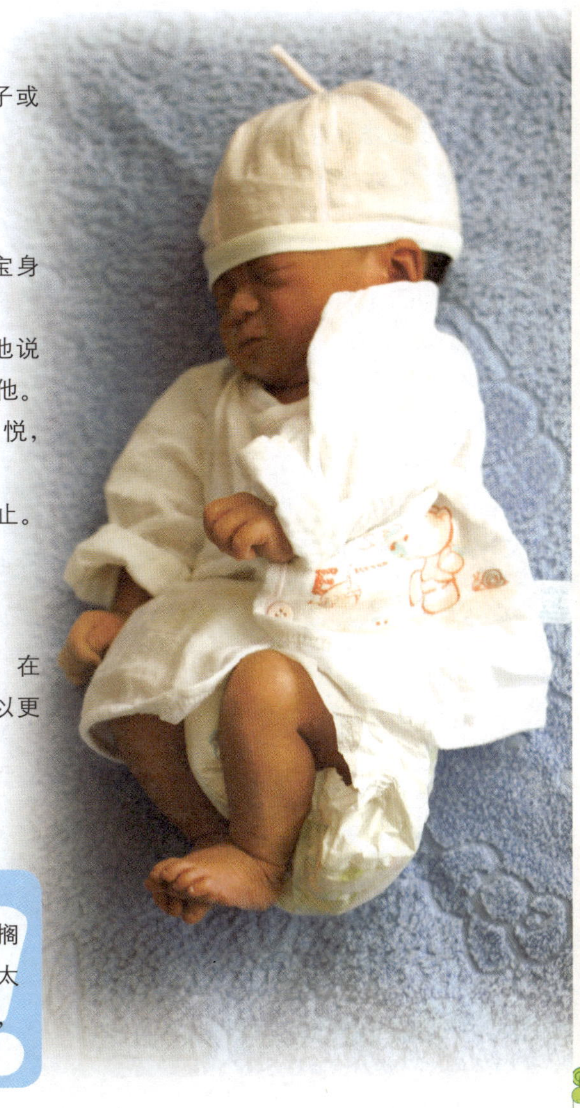

也可以这样玩

这个游戏也可以用来呼唤宝宝起床，在他睡足的时候通过翻身小游戏逗他，可以更快地调动宝宝的情绪。

一定要缓慢地翻动，并且一只手搁在宝宝身上，好让他不会因为翻滚得太快而受伤。在床上做这个游戏的时候，要防止宝宝滚落床下。

小青蛙抬头看
俯卧抬头

益智游戏好处多

1个月的宝宝可以进行俯卧抬头训练了，当俯卧时，宝宝自己做抬头动作能帮助宝宝锻炼颈部肌肉的力量，建立视觉空感。同时，宝宝在抬头的过程中还可以培养自信心。

- 随时随地
- 睡醒觉，情绪好的时候效果更好
- 游戏时间：3~5分钟

材料准备：色彩明亮、鲜艳，能发声的玩具

游戏步骤

1 让宝宝俯卧在床上，两臂弯曲放在胸前，手心向下，支撑着身体。

2 妈妈用一个玩具，叫着宝宝的名字逗引他。

3 当宝宝抬头看你时，要给予鼓励。可以给宝宝唱儿歌：“一只小蝌蚪呀，变成了小青蛙，呱呱，呱呱，对着天空望一望，对着妈妈笑不停。”

4 练习完抬头之后，让宝宝侧身，抚摸一下他的后背，让他的肌肉放松，同时也让宝宝感到妈妈的爱抚。做动作时与宝宝交谈夸赞，如：“宝宝做的好”“累了歇一会儿”。

也可以这样玩

将宝宝抱在妈妈的胸腹前(和妈妈面对面)，妈妈慢慢地斜躺或平躺在床上，此时宝宝便自然而然俯卧在妈妈的胸腹部。扶宝宝的头部至正中，并将宝宝的两手臂置于其头的两侧，轻轻和宝宝说话。因为宝宝想要看妈妈的脸，就会努力抬头看。

安全提示

吃完奶之后，不要让宝宝进行此练习，避免宝宝吐奶。练习时间不宜过长，一两分钟就可以了。

妈妈摸一摸，宝宝快快长

抚触

益智游戏好处多

经常给宝宝进行抚触按摩，有利于宝宝的生长发育，增强其免疫力，促进其对食物的消化和吸收，减少哭闹，改善睡眠；同时，抚触可以增加宝宝与父母的交流，帮助宝宝获得安全感。

- 随时随地
- 宝宝洗完澡后做效果更好
- 游戏时间：3~5分钟

材料准备：婴儿油

游戏步骤

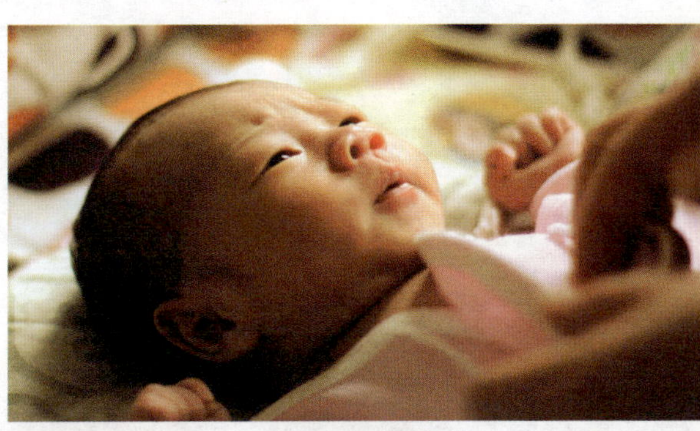

1 妈妈手上倒点婴儿油，搓匀。

2 让宝宝仰卧，妈妈将左手拇指放到宝宝右手掌中，用其余手指轻轻扶住宝宝的手。

3 妈妈用右手从宝宝手腕到肩的方向轻轻地、缓慢地按摩右臂。先内侧后外侧，左右各做六七次。

4 用手掌轻轻将宝宝右脚握住，左手从宝宝右脚尖到臀部方向分别对小腿、大腿的外侧与后侧进行按摩，左右各做六七次。

5 用左手轻握宝宝右脚后跟部，右手指、食指与中指形成一个圆，从宝宝脚后跟向膝部方向按摩小腿，反复四五次，然后按摩另一条腿。

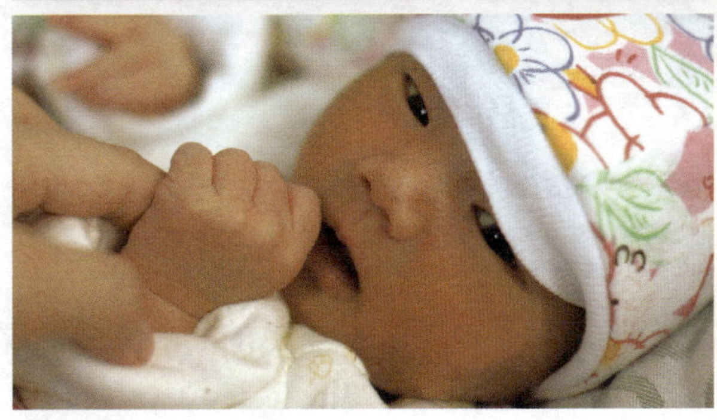

也可以这样玩

在宝宝刚睡醒或和宝宝讲悄悄话时，配以轻柔的皮肤抚摩。抚摩部位可以是头发、四肢、腿、腹部、背部、足背、手背、手指等。每天5～6次，每次3～5分钟。

安全提示

抚摩宝宝前要洗手、剪好指甲、摘下手表等金属物。可隔着一层衣服或用柔软的毛巾轻轻抚摩，以防擦伤皮肤。不要强迫宝宝保持固定姿势，如果哭了，先设法让他安静，然后才可继续，一旦哭得很厉害应停止。

0~3岁宝宝
益智
亲子游戏

充满好奇，用手、眼感受世界

满月后的宝宝已经不再是浑身软而无力，而是变得结实了。这个时期的宝宝听觉比视觉更先发育，可以分出爸爸、妈妈的声音，也会对周遭声音有所反应，高兴的时候，还会咿咿呀呀自语。手指头是这个阶段他最爱的玩具，总是吸得津津有味，不要阻止，这是他感觉外在事物的方式，只要保持他手指的清洁，注意为他修剪指甲就行了。

这段时期由于是宝宝快速成长的时期，适度地运动对宝宝身体的成长很有帮助。这时可通过轻松的伸展，让宝宝的筋骨和肌肉强壮。由于宝宝一个人无法运动，所以妈妈要帮助宝宝，但是切勿过度，要均衡地运动宝宝的手脚和身体。

左三圈，右三圈 全身旋转

益智游戏好处多

宝宝不会自己转圈圈，但他对这种运动却充满渴望。带着宝宝一起做这个游戏，让宝宝面对不同的视觉领域，有利于发展宝宝手眼配合和平衡的能力，为宝宝爬行和行走创造条件。

- 随时随地
- 宝宝神情活跃时效果更好
- 游戏时间：3~5分钟

材料准备：宝宝熟悉的歌谣

游戏步骤

1 在宝宝神情活跃，精神状态良好的时候做这个游戏。

2 在家里相对开阔的地方，抱着宝宝向不同方向转动。

3 可以让宝宝的背部朝向妈妈，也可以让宝宝的脸朝向妈妈。

4 转圈的同时哼唱宝宝熟悉的歌谣，如《小星星》、《丢手绢》等。

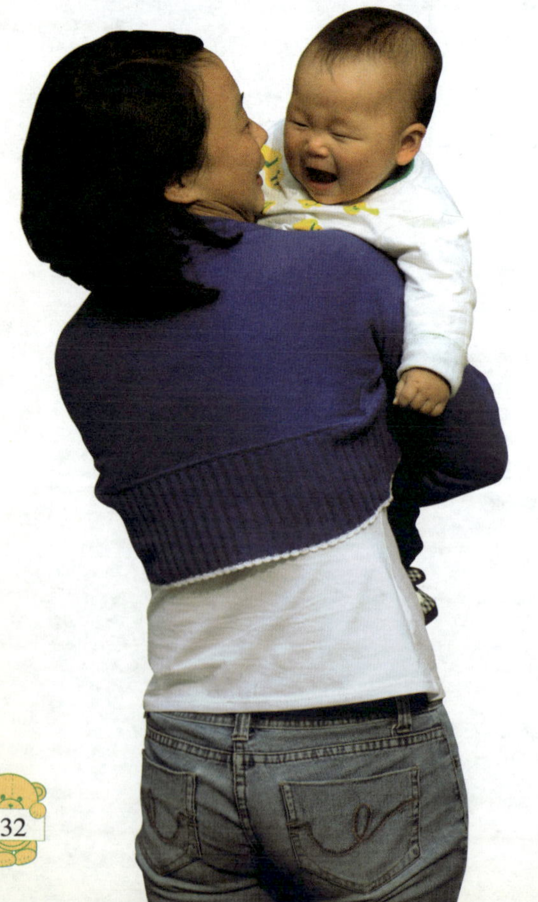

也可以这样玩

让宝宝躺在一张毯子上，在地板上，拖着毯子的一端，慢慢地旋转，让宝宝在地上转圈，此时映入宝宝眼帘的物体都会旋转起来，宝宝会非常惊奇和开心。但要注意不要太快，毯子也不要离地。

玩偶手套 表达情绪

益智游戏好处多

宝宝很容易被惊喜，一些成人觉得很常见的事，在宝宝的眼中却都能读出惊喜。玩偶手套这个游戏绝对能带给宝宝特别的惊喜，而且能锻炼宝宝的预期能力，对宝宝的情绪表达也有促进作用。

- 明亮的室内
- 宝宝兴致较高时效果更好
- 游戏时间：3~5分钟

材料准备：柔软的手套，柔软的动物玩偶（大小要跟手套差不多），针和线，婴儿椅或柔软的毯子

游戏步骤

1 在手套的手背上缝一个柔软的小玩偶，戴上手套时，小玩偶可以立在你的手背上。

2 把宝宝放进婴儿椅，或放在一张柔软的毯子上。

3 戴上手套，把你的手四处晃动，让宝宝看见动物玩偶坐在你的手背上。

4 一边晃动手一边发出动物的声音，吸引宝宝的注意。

5 突然将手放在宝宝肚子上、腿上、胳膊上，或其他身体部位，并笑着说："抓住了！"并在这个身体部位轻轻地呵痒，观察宝宝的反应。宝宝若是感到兴奋，一般会发出"啊啊"的声音，这是一种很好的情绪表达。

也可以这样玩

制作两只手套，一只手一只，可以使这个游戏的趣味性大大增加。也可多准备几种玩偶，当宝宝对一种玩偶兴趣降低时，换用另一个玩偶，可以保持游戏的趣味性。

安全提示

如果宝宝对突然出现的玩偶感到害怕，先让他熟悉了再放在他的身体上，或者将动作放慢，说话语调要柔和。在玩游戏时，一定要保持笑容。

看看我的小鞋子

眼脚协调

益智游戏好处多

从出生的那一刻起，宝宝就开始学习控制胳膊和双腿，不过缺乏协调性会给他造成很大障碍，这个游戏就可以强化宝宝对肌肉的控制，锻炼视觉跟踪能力、眼手协调能力和眼脚协调能力，更能培养宝宝解决问题的能力。

- 明亮的室内
- 宝宝兴致较高时效果更好
- 游戏时间：3~5分钟

材料准备：彩色婴儿毛线鞋；小铃铛，或会发出声响的较轻物品，或者柔软的彩色小玩具；针和线；柔软的毯子

游戏步骤

1 买几双彩色婴儿毛线鞋，最好是三原色（红、黄、蓝）或彩虹颜色的。

2 在毛线鞋的顶端牢牢缝上小铃铛，或柔软的彩色小玩具。

3 让宝宝仰躺在床上或铺着柔软毯子的地板上，替他穿上毛线鞋。和宝宝一起欣赏他的新鞋子。

4 宝宝此时会很开心，不停地动他的小脚丫。你可以说“宝宝的小鞋子真漂亮，动一动小脚丫吧！”

也可以这样玩

把小铃铛或玩具缝在连指手套上，并把手套套在宝宝的手上来玩上面这个游戏。

安全提示

确定所有东西都安全地牢牢固定在毛线鞋或连指手套上，随时检查是否有松脱的迹象。千万不要把尖锐物品缝在上面，以免宝宝试图把它们放进嘴巴从而弄伤自己。请随时注意宝宝的安全。

后边是谁呀

转头训练

益智游戏好处多

宝宝对声音的反应已经比较敏感了，即使细小的声音，也会引起他的注意和好奇。制造一些他可能喜欢的声音，引导宝宝四处转头，可帮助宝宝锻炼颈部肌肉，训练他对头颈部的控制能力。

- 随时随地
- 宝宝安静时效果更好
- 游戏时间：3~5分钟

材料准备：能发出响声的摇铃或拨浪鼓等玩具

游戏步骤

1 让宝宝躺在床上。

2 妈妈可以用能发出响声的摇铃或拨浪鼓等玩具逗引宝宝转头寻找。

3 慢慢地将玩具由左往右移，再由右往左移，移动的幅度不要太大了，以宝宝的头能追随着玩具移动为宜。

也可以这样玩

妈妈抱着宝宝，待宝宝安静的时候，爸爸在宝宝的后面或侧面呼唤宝宝，引导宝宝寻找爸爸。爸爸也可在一旁做一些动作，吸引宝宝的注意力。还可适当地变换你的位置。

眼睛眨眨
认识身体部位

益智游戏好处多

宝宝虽然不会说话，但他认识的事物都会在他的脑中形成记忆。这个游戏可以教宝宝认识身体各部位，并了解每一个部位的功能，经常做，宝宝就会对身体各部位有深刻的记忆。

- 随时随地
- 宝宝安静时效果更好
- 游戏时间：3~5分钟

材料准备：无需任何材料

游戏步骤

1 扶着宝宝坐在你的大腿上，让他面对着你。

2 碰触宝宝的身体部位，同时念下面的儿歌：

眼睛——眨眨(轻触眼皮)，

眼皮——眨眨(轻触另一边的眼皮)，

鼻子——闻闻(轻触鼻尖)，

嘴巴——嘟嘟(轻触下嘴唇)，

下巴——点点(轻轻将下巴往下拉)，

脖子——转转(轻轻用手指滑下脖子)，

肚皮——痒痒(轻轻用手指滑下宝宝肚子，轻轻地挠痒痒)。

3 反复做几次。

也可以这样玩

玩过几次“眼睛眨眨”后，试试“下巴点点”(点一下宝宝下巴)；“叩叩脑门”(轻轻敲宝宝的前额)；“偷偷看看”(轻轻掀起宝宝某一边的眼皮)，“轻轻打开门”(轻轻将宝宝的鼻尖往上推)，“悄悄走进去”(用你的两根手指在宝宝的下唇上轻轻地走)，“下巴开开”(轻轻开合宝宝的下颚)。

触摸一定要很轻柔，否则这个游戏对宝宝来说就不好玩了。

小蜜蜂，嗡嗡嗡
锻炼头部灵活性

益智游戏好处多

宝宝从出生就开始利用他的感官学习。这个游戏将协助宝宝学会辨别声源位置，还能增强宝宝头部的灵活性和肌肉运动能力。

- 安静的室内
- 宝宝安静时效果更好
- 游戏时间：3~5分钟

材料准备：柔软的毯子

游戏步骤

1 让宝宝躺在一块柔软的毯子上或者床上。

2 坐在宝宝旁边，让他可以清楚地听见你的声音。

3 用手指慢慢靠近宝宝的身体，并模仿蜜蜂嗡嗡嗡的声音。

4 几秒钟后，用手指再碰碰宝宝，继续模仿蜜蜂嗡嗡嗡的声音。

5 反复几次，每次把手指落在宝宝身体的不同位置。

也可以这样玩

你的头随着手指移动，让宝宝可以追踪声音。发出不同的嗡嗡嗡声调，从高到低。让宝宝翻身趴着，然后再玩一次。这一次他看不见你的指头移动，因此将会等着蜜蜂嗡嗡嗡带来的惊喜!

发出嗡嗡嗡的声音不要太大，以免宝宝受到惊吓。

音乐时刻
辨别不同的声音

益智游戏好处多

宝宝在子宫里时就已经能听见外面世界的声音了，但当时声音对他而言遥远而朦胧。在他出生后，声音对他就有了一种无法解释的吸引力。这个游戏可以提高宝宝聆听的技巧，锻炼他的听觉辨别能力。

- 安静的室内
- 宝宝兴致较高时效果更好
- 游戏时间：3~5分钟

材料准备：手提录音机和空白磁带、婴儿椅或柔软的毯子

游戏步骤

1 用录音机录下各种声音，每种各录几分钟，包括常听见的杂音，比如你家宠物狗的叫声、爸爸下班回家的声音、门铃声和电话铃声，以及婴儿床边的音乐转铃和其他会发出声响的玩具声音等。此外，还要包含一些不常听见的声音，例如做饭的声音、动物的吵闹声等。

2 把宝宝放在一张柔软的毯子上，或是让他坐在婴儿椅上。让周围环境尽可能保持安静。用录音机播放为宝宝录下的声音。

3 每次放出新的声音时，注意宝宝的反应，简单地为他介绍各种声音。

也可以这样玩

录下家人的声音，从你的声音开始，念一段儿歌或唱一首歌，接着是其他熟悉的人，如爸爸、兄弟姐妹和朋友。加入一些不熟悉的声音，或是偶尔改变你的嗓音，增加声音的多样性。

安全提示

如果宝宝似乎受到惊吓，就将录音机的音量调小，或亲自模仿这些声音，减少宝宝的恐惧感。

握握脚，盘盘腿
盘腿游戏

益智游戏好处多

坚持四肢屈伸运动，可以使宝宝的肌肉、骨骼、关节得到良好的锻炼。宝宝的运动智能得到很好发展，有助于其形成健康的体魄和积极向上、乐观的性格。

- 随时随地
- 宝宝比较安静时效果更好
- 游戏时间：3~5分钟

材料准备：柔软洁净的地毯

游戏步骤

1 把宝宝放在柔软、整洁的床或者地毯上。

2 握住宝宝同侧的脚踝和大腿盘向另一条腿。宝宝的小屁股和身体会跟着动。

3 恢复到宝宝的初始姿势。

4 换另一条腿向相反的方向重复做。边做边说：“两个小家伙，看看谁会盘，你会盘，我会盘，我们两个盘过来。”

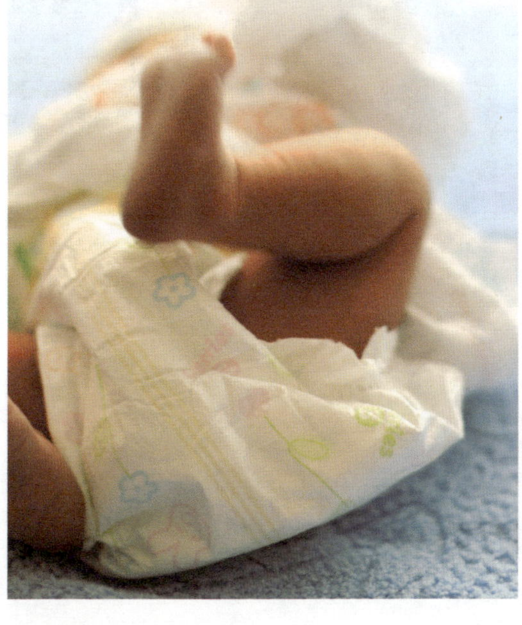

也可以这样玩

每次换过尿布之后，让宝宝躺在松软的地方，然后慢慢把宝宝翻过来再翻过去，重复几次，让宝宝体验翻身的乐趣。

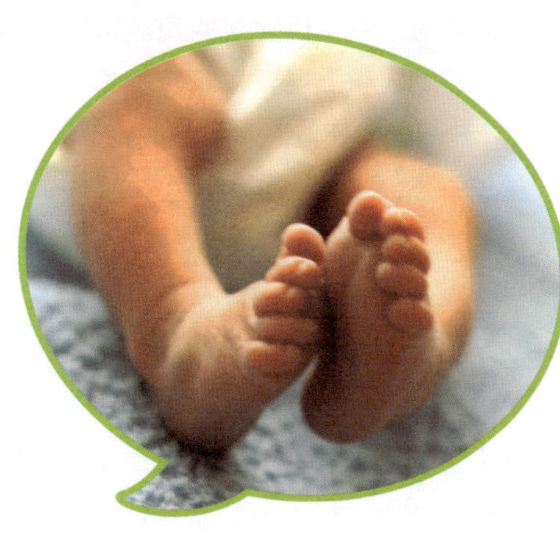

安全提示

这个游戏需要循序渐进，1个月或者1个半月时，和宝宝盘腿玩，到3个月后方可和宝宝翻身玩。冬天宝宝穿衣较多，可以在洗澡后或临睡前做这个游戏。

小手小手拍拍

拍手游戏

益智游戏好处多

手的发展和心智的发展是互相促进的，爸爸妈妈如何触摸、对待和培养宝宝，对其成为什么样的人会产生极深的影响。因此，锻炼手不仅能促进宝宝肌肉和运动能力的发展，也能促进其整体智力的发展。

- 床上
- 宝宝睡醒的时候效果更好
- 游戏时间：3分钟

材料准备：小手拍拍儿歌

游戏步骤

1 当宝宝从睡梦中睁开眼睛时，让他舒适地靠在妈妈身上。

2 妈妈举起宝宝的两只手，在其视线正前方晃动几下，引起宝宝对手的注意。

3 一边念下面的儿歌，一边轻轻拍动、摆动宝宝的小手，让宝宝的视线追随手运动。念到“跑得快”时，以稍快的速度将宝宝的双手平放到身体两侧。

小手小手拍拍，
小手小手摇摇，
小手小手摆摆，
小手小手跑得快。

也可以这样玩

妈妈和宝宝玩过上面的游戏后，让宝宝平躺在床上，由爸爸重复以上动作。一定要注意动作的幅度和力度。

安全提示

玩的时间不要长，要以宝宝开心、舒适为度，每次重复两三次即可。若宝宝烦躁或有不舒服的表示，应该及时调整或终止游戏。

抬脚脚，踢球球

抬腿运动

益智游戏好处多

0~1岁是宝宝运动能力发育的敏感期，在宝宝能够运动时，为宝宝创造乐于参与的运动游戏情境，能增强宝宝的运动渴望。这个游戏可锻炼宝宝腿部肌肉和骨骼，为宝宝日后活动范围的扩大奠定良好的基础。

- 床上
- 宝宝安静时效果更好
- 游戏时间：3~5分钟

材料准备：充气的单色塑料彩球1个

游戏步骤

1 找出一个充气的单色塑料彩球，用结实的线把彩球挂在婴儿床上方，让宝宝抬起脚刚刚能够碰到。

2 轻轻抓住宝宝的一只小脚丫，抬起来，踢一下彩球，对宝宝说："小淘气，踢球球，球球撞到脚丫上。"宝宝踢到球后，妈妈亲亲宝宝的小脚，给宝宝以鼓励。

3 左右脚轮流踢，也可以抓住宝宝的两只脚同时踢。球晃动的幅度要控制好，以免宝宝的视线跟不上，影响宝宝的积极性。

也可以这样玩

把小球放低一点，举起宝宝的小手去拍球，左右手轮流拍。

悬挂玩具时玩具要挂在宝宝胸部正上方，不要挂在眼上方和距离眼睛太近的地方，注意悬挂玩具的位置也要经常更换，以防宝宝眼睛出现内斜视（斗鸡眼）。平时也要注意让宝宝双眼正视物体。

和小球亲密接触

认识空间

益智游戏好处多

这个游戏能促进宝宝血液循环，提高其肌肉柔韧度，增加肌肉弹性，并且协助宝宝学习控制肢体动作。也有助于宝宝初步认识空间关系。

- 安静的室内
- 宝宝兴致较高时效果更好
- 游戏时间：3分钟

材料准备：1个直径大约60厘米的玩具球、铺着地毯的地板

游戏步骤

1 给宝宝脱掉衣服，这样他的身体可以贴着球的表面而不会滑落。

2 把球放在房间中央铺有地毯的地板上。爸爸或妈妈正对球坐在地板上，让宝宝坐在球的另一边面对你。握住他的胳膊帮他保持平衡。

3 让宝宝慢慢前倾趴在球上，小心地抓着他，以免他滑倒或摔跤。

4 把球前后左右慢慢滚动，观察宝宝的反应，若宝宝表现出害怕的样子，先不要滚动球，让宝宝熟悉一会儿再进行游戏。也可以让宝宝在球上尝试其他运动。

也可以这样玩

把球的气放掉一点再进行上面的运动，观察宝宝的反应。如果没有球，可以使用靠枕代替。

安全提示

要一直牢牢地抓住宝宝，确保宝宝不会跌倒或从球上滑下来。要缓缓地滚动球。

手舞足蹈
四肢协调

益智游戏好处多

手舞足蹈是宝宝这一阶段唯一能自己做的运动，加入音乐背景，会令宝宝更加喜欢这个游戏。宝宝随着音乐舞动手脚，可以反复运动四肢肌肉，能增强肌肉的力量及弹性，为翻身和爬行做准备。丰富多彩的音乐活动，能使宝宝情绪非常愉快。

- 安静的室内
- 宝宝刚睡醒时更愿意做
- 游戏时间：3~5分钟

材料准备：节奏感稍强又不太强烈的乐曲

游戏步骤

1 选取节奏感稍强又不太强烈的乐曲，在宝宝清醒的时候播放，吸引宝宝注意。

2 妈妈随着节奏，轻轻哼唱旋律。

3 在宝宝面前举起双手，随着节奏摆动。

4 慢慢举起宝宝的小手或小脚丫，随着节奏摆动。

也可以这样玩

轻轻抓住宝宝的双手往上提，并说：“上电梯，上、上、上。下电梯，下、下、下。”轻轻抓住宝宝的脚腕往上提，也这样说。连续抬起宝宝身体的其他部位，每次都伴以同样的儿歌。最后把宝宝高高提起再放下，每次放下时亲宝宝一下。

安全提示

不要给宝宝听立体声音乐，会伤害宝宝的听觉。播放音乐的时间不要过长，一般3~5分钟即可，防止宝宝疲劳。如果宝宝紧张、烦躁，可暂缓做操，改为皮肤按摩，使之适应。

我能抓到你
练习抓握

益智游戏好处多

3个月的宝宝已经开始喜欢自己练习抓握手之能及范围内的物品。这个游戏能培养宝宝的自我服务意识，对塑造宝宝独立自主的优秀品格很有好处。

- 明亮的室内
- 宝宝注意力集中时效果更好
- 游戏时间：3分钟

材料准备：各种小动物形象的空心橡皮玩具、松紧带

游戏步骤

1 将宝宝的各种小动物形象的空心橡皮玩具散放或是用松紧带悬挂在宝宝身边手之能及的范围内，让宝宝伸手去抓这些玩具。松紧带的长度以宝宝的手能触及玩具为宜，过长可能会缠绕宝宝手臂，发生意外。

2 宝宝每抓起来一个，妈妈就要说出这种动物的名称，并且形象地学动物的叫声。

3 将玩具从宝宝手中取下，再次鼓励宝宝随机抓取一个玩具。注意不要让宝宝将玩具放入口中。

4 反复几次，不断强化宝宝对这些动物名称和叫声的认识。

也可以这样玩

准备一些能捏响的玩具，帮助宝宝捏响，通过锻炼宝宝手上的小块肌肉，可以对其大脑的运动神经区产生积极的影响。注意声响的强度，不要吓着宝宝。

也可以分别把不同质地的玩具（如布娃娃、哗啦棒、小积木、小瓶盖、塑料小球、小海绵、绒布条等）放在宝宝的手中停留一会儿。如果宝宝还不会抓握，可轻轻地抚摸他的手背，他紧握的小手就会张开了，这时再把玩具塞到他的手里，并握住他抓握玩具的手，以帮助他学习抓握。

智力直通车

多为宝宝提供抓握机会，既可提高宝宝的协调能力和抓握能力，还能促进宝宝智能的发展。

捂脸躲猫猫
认识妈妈的样子

益智游戏好处多

一个简单的“躲猫猫”游戏可以让宝宝学习许多东西，例如消失又再出现的“物体恒存”观念、预期能力、因果推理能力、社交互动等等。最直接的效果就是能让宝宝记住妈妈的脸。

- 床上或者你的腿上
- 光线比较充足
- 宝宝安静的时候
- 游戏时间：3~5分钟

材料准备：手帕、毛巾，或是其他小块的布

游戏步骤

1 将宝宝抱在你的大腿上，面对着你。

2 对宝宝说话、微笑或是扮鬼脸，吸引他的注意力。

3 一旦你吸引了宝宝的注意力，就用手帕盖住你的头和脸，使他看不见你。

4 过几秒，移开手帕，并且露出一个大大的笑容，说：“妈妈在这里！” 重复进行几次。

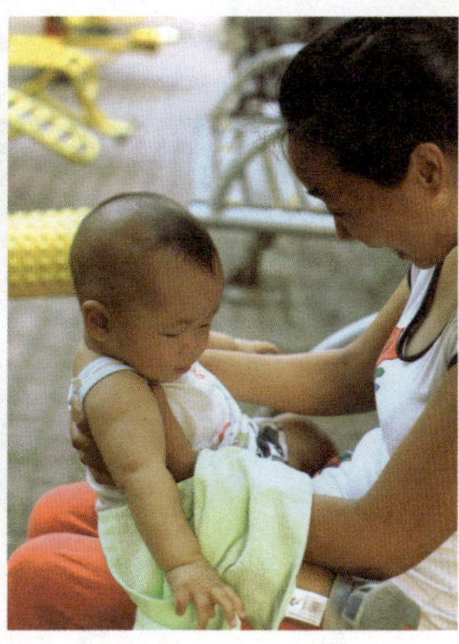

也可以这样玩

把宝宝放在床上，吸引他的注意，当他盯着你的脸看时，用手蒙住你的脸，然后问宝宝“妈妈在哪里”，过几秒钟，移开手，并用惊喜的表情说：“妈妈在这里!”反复几次，宝宝一定会被你逗得哈哈大笑。

还可以用手帕盖住宝宝的脸。过了几秒钟再移开手帕，并说“在这里！”

安全提示

手帕或毛巾的质地要轻，才不会让宝宝受到惊吓或是呼吸困难。不要将手帕在他脸放太久。你可以一再重复这个游戏，在宝宝成熟到了解基本观念之前不要变化花样，避免造成他的困惑。

泡泡浴
感官刺激

益智游戏好处多

儿乎所有的婴儿见到水都会表现出极大的热情。给宝宝做泡泡浴既能安抚宝宝的烦躁情绪，又可通过感官刺激增强他的身体意识。一边泡泡浴一边给宝宝念儿歌，还有助于宝宝听力和语言能力的发展。

- 浴室里
- 宝宝对洗澡充满渴望时效果更好
- 游戏时间：3~5分钟

材料准备：婴儿澡盆、柔软的浴巾、婴儿泡泡浴液、干燥柔软的毛巾

游戏步骤

1 在婴儿澡盆底部铺一条浴巾，防止宝宝滑倒。向澡盆里注入温水（40℃为宜），并加入少量的婴儿泡泡浴液，搅起泡泡。

2 把宝宝放进澡盆，注意他的反应，不要强制放入，并随时抓紧他，让他信任你。尽可能让宝宝坐起来，使他安全地享受泡泡

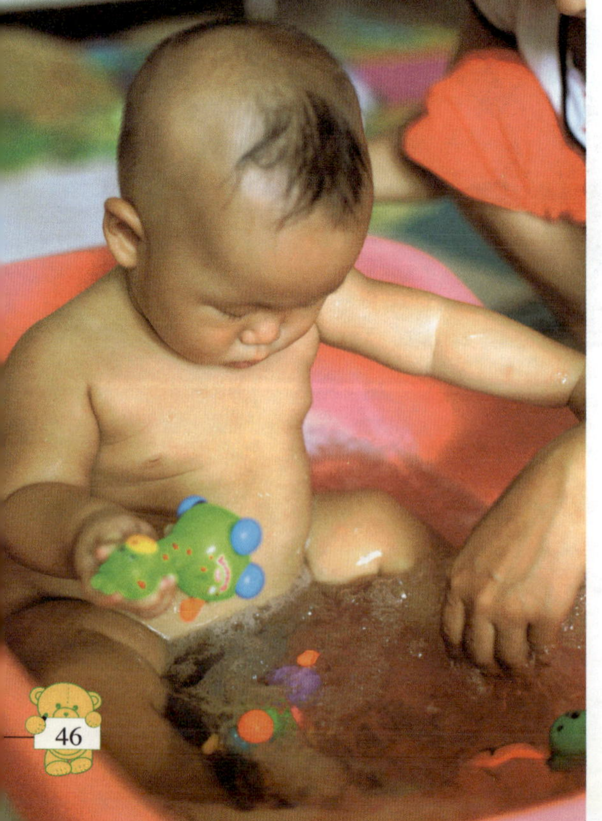

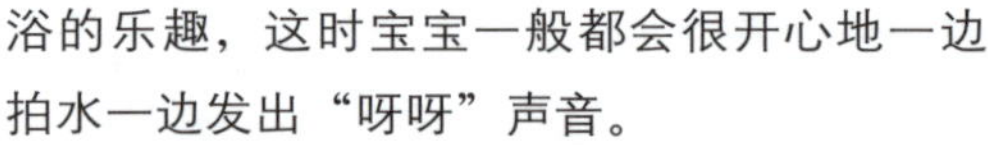

浴的乐趣，这时宝宝一般都会很开心地一边拍水一边发出“呀呀”声音。

3 你也可以一边念下面的儿歌，一边洗宝宝的身体各部位。

宝宝，宝宝(或名字)来洗脸，
洗完左脸(边)洗右脸(边)。
宝宝，宝宝来洗脸，
洗得干净真快乐。

4 继续以“洗脖子”、“搓搓胸”、“擦擦背”、“洗胳膊”、“洗洗腿”、“擦脚趾”等来念这首儿歌。

也可以这样玩

你可以在浴缸里放一些玩具，或是用动物或玩偶形状的浴巾代替。

安全提示

洗澡时要让宝宝一直觉得很安全，不要让他滑倒，水要一直保持温热，不要太热也不要太冷。冲净泡泡后及时把宝宝身上的水擦干，并用干燥的毛巾将他包起来。

彩纸贴贴贴
视觉跟踪练习

益智游戏好处多

宝宝一出生就具有一定视觉技巧，他会马上打量四周的一切。到3个月大时，他会比较喜欢明亮的色彩、对比强烈和有新鲜感的东西。这个贴纸游戏可以锻炼宝宝的手眼协调能力，提高宝宝的专注度和视觉跟踪能力。

- 明亮的室内
- 宝宝兴致较高时效果更好
- 游戏时间：3~5分钟

材料准备：色彩鲜艳的贴纸

游戏步骤

1 坐在地板或床上，膝盖弓起。把宝宝放在你的大腿上，面对着你，用你的大腿支撑他的头和身体。

2 对宝宝说话或扮鬼脸，让他把注意力放在你的脸上。在你脸上的某处，如脸颊、前额、下巴或者鼻子上贴一张彩色贴纸，同时注意宝宝的反应。

3 过一会儿，把贴纸移到你脸上的其他部位，注意观察宝宝多久可以找到贴纸。

4 为了增加趣味，可以把一张贴纸贴在你的眼皮上，接着闭上眼睛，让宝宝看看这个惊喜贴纸。

5 将贴纸贴在脑门，用一手遮住脑门，然后玩“躲猫猫”，露出藏起来的贴纸。

也可以这样玩

也可以把贴纸贴在宝宝的双手侧面，注意他发现时的反应。看看宝宝是否能调整他的双手动作以找出这些贴纸。

安全提示

要确定宝宝不会把贴纸放进嘴里。把贴纸贴在宝宝手上时，有的宝宝可能会感到害怕，这时不要勉强，等宝宝熟悉贴纸后再给他贴上。

降落球
视觉追踪

益智游戏好处多

在宝宝出生后的几个月里，你会发现他特别喜欢用眼睛注视周遭的世界。灯光、色彩和移动的物体都能吸引宝宝的注意力。这个游戏不仅能锻炼宝宝的视觉跟踪能力及敏锐度，也能锻炼宝宝的预期能力和手眼协调能力，对其社交互动的培养也有积极作用。

- 床上或地毯上
- 宝宝注意力较集中的时候
- 游戏时间：3~5分钟

材料准备：柔软的毯子、不同大小的彩色绒球

游戏步骤

1 让宝宝仰躺在柔软的毯子上，妈妈坐在宝宝身边。

2 手握一颗大绒球，悬空在宝宝的肚子上方，来回晃动吸引宝宝的注意力。若是宝宝不能注意到，就发出声音来吸引他。

3 当宝宝注意到绒球之后，你可以说“球球降落喽”，接着放手让绒球掉落到宝宝的肚子上。

4 此时宝宝会很惊喜，可能用手去抓球，若是宝宝显得有些不知所措，给宝宝一个微笑，让他知道你们是在玩。然后换一个其他颜色的绒球重复游戏。

也可以这样玩

从屋子里搜集质轻而色彩丰富的物品来取代绒球，比如柔软干燥的海绵、羽毛、纸球、小布块或柔软的小玩具等等。

所用的物品一定要又轻又软，且不会散落灰尘，以免宝宝受伤。如果他感到害怕，就不要玩下去。物品不要落向宝宝的脸。在玩的时候要一直对宝宝微笑，保持宝宝对游戏的兴趣。

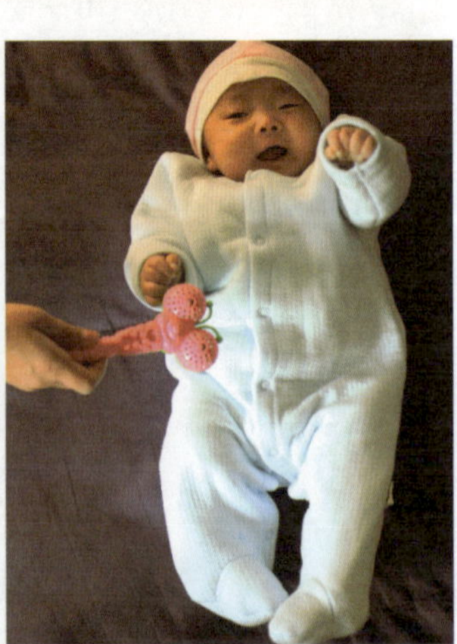

谁笑得最响
丰富面部表情

益智游戏好处多

微笑是每个宝宝的天性，开怀大笑则是一种能力。经常制造让宝宝笑出声的氛围，看到开心的事，宝宝就会形成笑的条件反射，这不仅可活跃气氛，更可促进宝宝面部肌肉的发育。

- 床上或妈妈怀里
- 宝宝注意力较集中的时候
- 游戏时间：3~5分钟

材料准备：宝宝喜欢的玩具、图画等

游戏步骤

1. 妈妈面对着宝宝，注视宝宝，使宝宝注意力集中。
2. 用宝宝喜欢的玩具、图画，或做怪脸等动作引导宝宝笑出声音。
3. 亲亲宝宝的脸蛋或小鼻子，和宝宝一起开心地笑。但声音不要太大，以免吓着宝宝。

也可以这样玩

爸爸的诙谐动作更容易引发宝宝笑。爸爸抱着宝宝，把脸扭向一边，做个怪脸，再扭回对着宝宝，恢复表情，然后重复，每次做不同的怪脸，宝宝一定会笑个不停。在场的所有人都不约而同地开怀大笑，氛围更好。

智力直通车

经常大笑而笑出声音会使脸部表情肌发育，面部显得活泼可爱。早期少笑或不会笑的宝宝面部表情肌不发育，面部显得呆板。家长一定要多同孩子逗乐，大家都爽朗地大声笑，看谁笑得最响，丰富宝宝面部表情，更使全家快乐。

0~3岁宝宝
益智
亲子游戏

认识自己、爸爸和妈妈

到4个月时宝宝的体重是出生时的2倍，因此此时大部分的宝宝脖子都可以支撑头部了。4个月的宝宝很喜欢和人玩，只要稍微逗一逗，他就会笑得很开心。宝宝5个月大的时候，睡觉时就开始会翻身了。

这个时期，随着视力的发展，宝宝可以看清很远的东西，而且也懂得分辨颜色了，对贴在墙上的画，视线也可以固定住。摆脱了整天吃和睡的单调生活，宝宝开始对外界表现出更多的关心。

在这个阶段，宝宝将开始通过五感学习。宝宝出生后最强的感觉就是听觉与嗅觉。他可以辨识出妈妈的声音，很快也会认得爸爸的声音，他还可以区分各种熟悉的声音，如狗吠声、门铃声。他还能凭借气味辨认出妈妈。

到6个月左右，宝宝便可以坐着玩了。由于宝宝有了更多的时间，游戏也可以变得更加丰富了。各种声音游戏、视觉游戏、嗅觉游戏、运动游戏，都可以尝试了。尽情和宝宝一起欢度美好时光吧！需要注意的是，学会移动的宝宝掉落的危险性大大增加了，游戏过程中要格外注意保护。

晃晃我的拨浪鼓

抓取训练

益智游戏好处多

手是人类最灵活的部位，在大脑的指挥下，手可以创造一切。锻炼宝宝的手脑协调和动手能力就要从抓取开始训练。

- 随时随地
- 宝宝兴致较高
- 游戏时间：3~5分钟

材料准备：拨浪鼓1个

游戏步骤

1 将拨浪鼓放在宝宝手里，先带宝宝摇几下。

2 等宝宝被声音吸引，再引导他自己晃动。

3 一边晃动，一边反复模仿鼓的声音："哦——咚咚咚，哦——咚咚咚"。

也可以这样玩

妈妈抱着宝宝，爸爸把手指放在宝宝的手里，然后快速抽走，如此反复，说："哎呀，抓到爸爸啦，又跑啦，又抓到啦……"通过丰富的表情引起宝宝的兴趣，他就会顺利抓住爸爸的手指。

把一些彩色的小球放在宝宝手里，带着他扔掉，反复几次，你再放在他手里，他就会抓住自己扔掉了。

蹲一蹲，跳一跳
平衡之舞

益智游戏好处多

做蹲、跳的游戏对宝宝学习保持平衡起着非常重要的作用，是宝宝开始行走的先决条件。配合节奏感强的音乐，让宝宝跳蹲蹲舞，不仅有利于增强宝宝的乐感，还可以锻炼宝宝的身体，促进其体能、智力的平衡发展。

- 你的腿上或床上
- 宝宝兴致较高的时候
- 游戏时间：2分钟

材料准备：节奏明快的圆舞曲

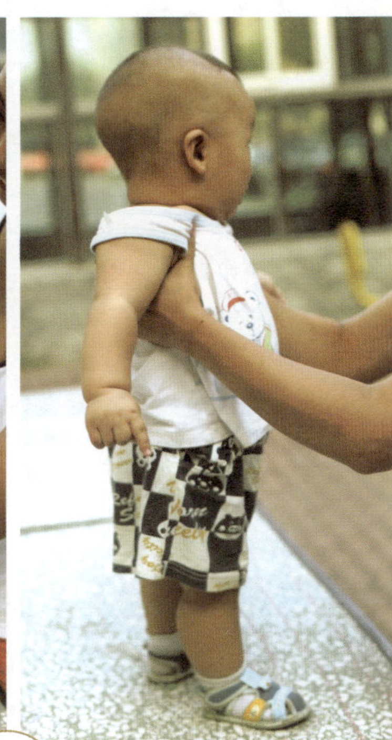

游戏步骤

1 妈妈扶着宝宝的腋下，让宝宝站在自己的腿上或较硬的台上。

2 有意识地放松手腕，让宝宝双脚蹦一蹦，双腿蹲一蹲。

3 播放乐曲，帮助宝宝配合乐曲的节奏。

4 如果宝宝有抬脚沿着你的肚子向上攀的动作，要鼓励他。

安全提示

几乎所有的宝宝都非常喜欢这个游戏，但是爸爸妈妈要注意应用力支撑宝宝的重量，不能让宝宝全身重量完全由其双下肢承担。因为此时宝宝的腿如承重过度，可能导致O型腿，尤其是胖宝宝更应注意这一点。

镜子里的宝宝是谁啊

认识自己

益智游戏好处多

这个游戏可以提高宝宝的自我认知能力，并且有助于宝宝了解身体各个部位的名称，促进其语言能力的发展。

将宝宝抱坐在镜子前，对镜中的宝宝说话，引导宝宝观察镜中的自己和爸妈，做相应的动作，宝宝一开始会觉得很奇怪，慢慢地就能促进他自我意识的形成。

- 宝宝安静的时候
- 光线充足，但切勿对着阳光
- 游戏时间：3~5分钟

材料准备： 镜子、一些道具如帽子、毛巾、玩具娃娃等

游戏步骤

1 将宝宝他带到一面大的镜子前，让宝宝自发地触摸、拍打镜中的妈妈和自己。

2 妈妈对着镜子做表情，让宝宝对着镜子模仿。妈妈可以念儿歌助兴："小镜子，照一照，里面有个好宝宝。我哭他也哭，我笑他也笑。"

3 摸一摸宝宝的头、鼻子、眼睛等，告诉宝宝每个部位的名称。

4 分别抬起宝宝的手和脚，让宝宝在镜子里看自己的手和脚。妈妈说："小手小手拍拍，小脚小脚蹬蹬。"

5 给宝宝戴上帽子，或是把毛巾、玩具娃娃放在宝宝旁边，观察宝宝的反应。

也可以这样玩

在地板上铺一张柔软的毯子，旁边放一面不会破的安全镜子，让宝宝爬到镜子前，趴在镜子上，观察抬起头、手和脚时的景象。你还可以偷偷往镜子里望，让宝宝也可以看见你。

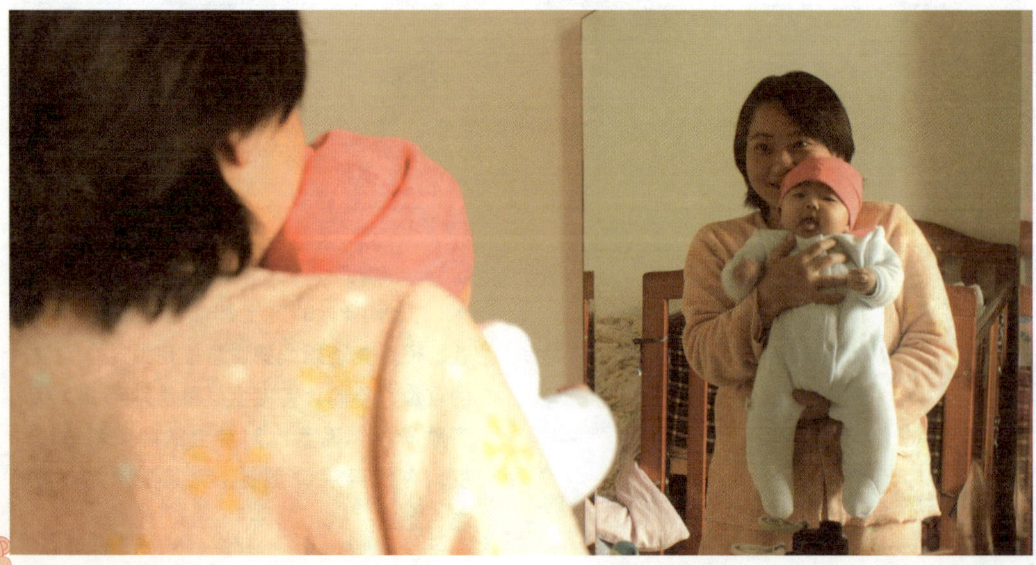

红苹果滚啊滚
抬头训练

益智游戏好处多

红色的物体非常容易吸引宝宝的注意，移动的物体则更能激发宝宝探索的好奇心。这个游戏可以帮助宝宝练习抬头，提高宝宝躯体的协调运动能力。鲜艳的颜色还能有效刺激宝宝的视觉，有利于其视觉的发育。

- 家里，光线充足的地方
- 宝宝注意力集中的时候
- 游戏时间：3~5分钟

材料准备：红苹果1个

游戏步骤

1 让宝宝俯卧在床上或柔软的地毯上，双臂屈曲于胸前，呈向前爬的姿势。

2 拿出一个大红苹果放在宝宝的正前方，让宝宝看一看、摸一摸、闻一闻，吸引宝宝的注意力。

3 妈妈推一下苹果，让苹果向远离宝宝的方向滚动，吸引宝宝抬头并用目光追随苹果。

4 当宝宝能迅速地抬头追视苹果后，把苹果向两侧推动，看看宝宝是否会扭头去看。

也可以这样玩

准备红色、绿色苹果各一个，分别滚动红色的苹果和绿色的苹果。吸引宝宝注意，引起他的视觉关注，吸引他去“追踪”。当宝宝对不同颜色的水果产生好奇时，可以向他介绍这两种颜色。

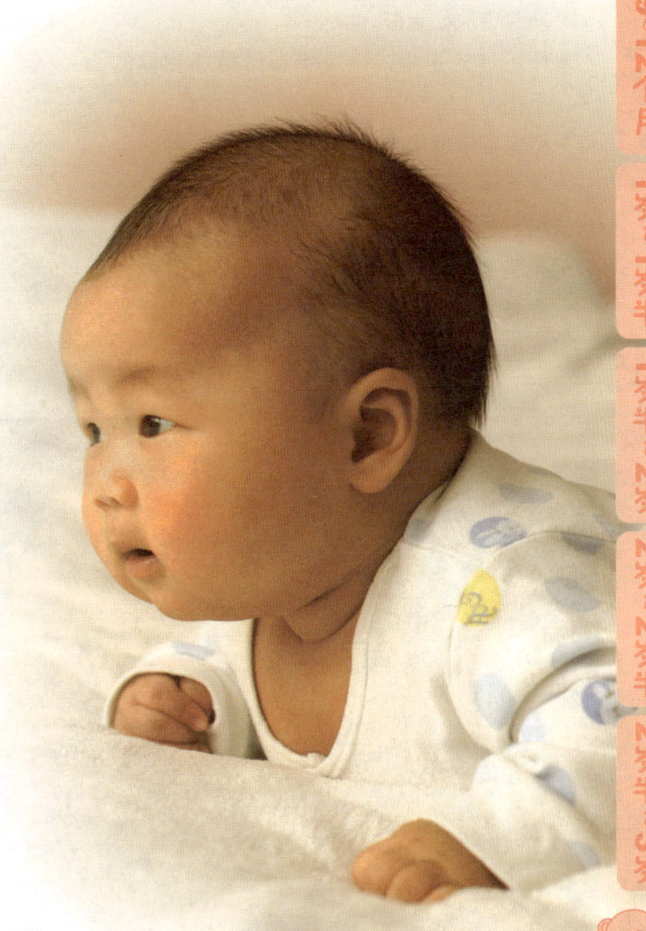

拉大锯，扯大锯 坐起来了

益智游戏好处多

4个月的宝宝腰部肌肉的力量迅速发展，渴望自己做起来，但娇嫩的脊柱和肌肉还不足以支撑整个上身，你可以尝试帮助宝宝做坐起的训练。这个游戏可以帮助宝宝锻炼腰背部肌肉、骨骼力量及上臂的支撑力。

- 床上
- 宝宝睡醒的时候
- 游戏时间：3分钟

材料准备：镜子、一些道具如帽子、毛巾、玩具娃娃等

游戏步骤

1 在宝宝睡醒时，让他保持仰卧姿势，帮助宝宝放松上肢。

2 伸出你的手指，让宝宝自然地抓住你的手指。

3 将宝宝慢慢地拽起来，念歌谣："拉大锯，扯大锯，外婆家，唱大戏，妈妈去，爸爸去，小宝宝，也要去。"让宝宝练习稳定地坐，再轻轻把宝宝放下，让宝宝保持仰卧。

4 重复三四次，宝宝坐起来后，轻轻抚摸宝宝的腰背部，放松腰背部肌肉。

也可以这样玩

妈妈抱着宝宝，爸爸拉住宝宝的双手，来回拽动，重复以上歌谣。

安全提示

宝宝睡醒后应及时查看是否大小便，处理完大小便才能玩游戏，否则宝宝会抗拒。

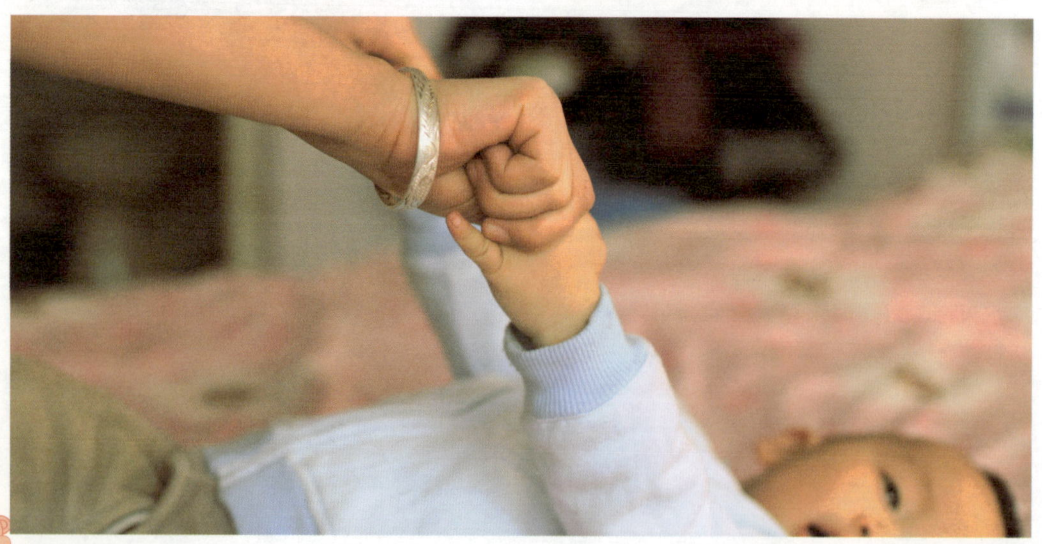

摇啊摇，摇到外婆桥

打开社交

益智游戏好处多

宝宝非常喜欢摇晃的游戏，尤其是适应了摇篮的宝宝，这个动作会让他感到很安全。这个游戏能锻炼宝宝的平衡能力，帮助宝宝感觉空间的变换，促进宝宝的前庭知觉和小脑知觉的发展，帮助宝宝认识世界。

- 床上
- 洗完澡后，宝宝活跃的时候
- 游戏时间：3分钟

材料准备：长方形的浴巾或小被子

游戏步骤

1 洗完澡，护理后，让宝宝仰卧在长方形的浴巾或小被子上，爸爸妈妈分别抓住浴巾的四个角，让浴巾离开床面30~40厘米高。

2 爸爸妈妈同时缓缓左右摇晃浴巾，边摇边说："摇摇晃晃，摇摇晃晃，摇摇躲着的小宝宝。"宝宝很喜欢这样的游戏，会开心地咯咯笑。

3 摇半分钟后，把宝宝放到床上，让宝宝休息一会儿，再继续。

也可以这样玩

双臂抱稳宝宝，大幅度地左右摇晃，将宝宝迅速举高，然后再慢慢放低，再迅速举高，再放低，反复几次。

安全提示

要密切注意宝宝，以防翻滚出来。爸爸妈妈一定要抓紧浴巾或辈子的角。若是宝宝感到惊恐，则要停止游戏。

大鼻子，小鼻子
认识五官

益智游戏好处多

这种游戏可以帮助宝宝了解和认识自己的五官，初步感受五官的存在，增进宝宝与家人的亲密接触。

良好的教养方式会使宝宝自信而愉快，比较容易与他人交往，在集体中也较容易受到尊重和欢迎。

- 床上或者在你的怀里
- 宝宝活跃的时候
- 游戏时间：3分钟

材料准备： 无需任何材料

游戏步骤

1 妈妈抱着宝宝或者让宝宝仰卧在床上，看着宝宝，待宝宝注意力集中后问：“宝宝的鼻子呢？”

2 用手指轻点宝宝的小鼻子，说：“啊，宝宝的小鼻子在这儿呢！”

3 再次与宝宝视线相对，问：“妈妈的鼻子呢？”

4 拿起宝宝的小手，让宝宝触摸妈妈的鼻子，告诉宝宝：“妈妈的鼻子在这儿呢！这是妈妈的大鼻子！”

5 靠近宝宝，轻轻地和宝宝顶鼻子，同时发出“嗯嗯嗯”的声音。

也可以这样玩

拿起宝宝的小手，让宝宝触摸妈妈的鼻子，说“妈妈的鼻子在这儿呢。”然后用手挡住鼻子，问宝宝：“妈妈的鼻子哪里去了？”宝宝会到处找，然后，露出鼻子，说：“妈妈的鼻子在这呢。”让宝宝再摸一摸。

安全提示

宝宝的鼻骨非常柔嫩，很容易受伤，所以顶鼻子的时候要轻柔，不可用力，碰上即可。当然，还要确保你的鼻子是洁净的，不要把细菌带给宝宝。

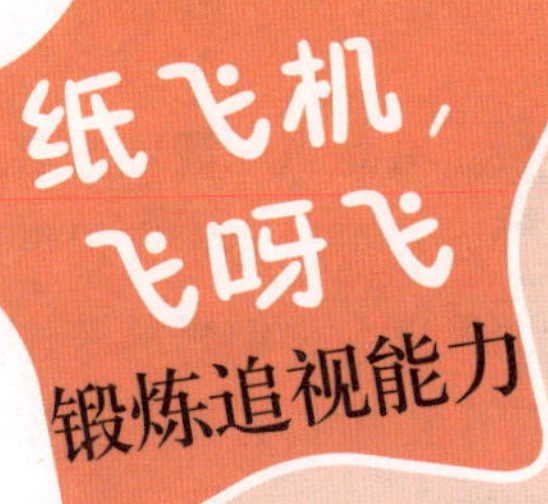

益智游戏好处多

看五颜六色的纸飞机飞来飞去，宝宝兴奋雀跃的同时锻炼了宝宝的追视能力，带动宝宝的大脑发育，使宝宝对颜色的认识和区分有直观的概念。

- 相对空旷的房间或空间
- 光线比较充足
- 宝宝兴致较高时
- 游戏时间：3~5分钟

材料准备： 各种彩色的可以折叠的纸

游戏步骤

1 妈妈抱着宝宝，爸爸用各种彩色的纸折成纸飞机，在房间里抛掷。

2 五颜六色的飞机飞来飞去，宝宝循着飞机的轨迹看下去。

3 妈妈可以一边和宝宝逗乐，一边用手指帮助宝宝寻找飞机的下落。

4 宝宝若是想要玩纸飞机，可以给他，让他自己“研究”。

也可以这样玩

爸爸可以把折好的飞机放在宝宝手里，让宝宝扔，可以锻炼宝宝的抓取、抛掷能力。

宝宝对自己动作的控制能力还不是很好，最好把飞机做成圆头的，更安全。

骑上小车去旅行
蹬腿运动

益智游戏好处多

根据宝宝成长的不同阶段，有意识地锻炼宝宝，可以提高他的运动智能。这种游戏可以为宝宝提供大量的肢体动作，协助宝宝全面发展与生俱来的肢体运动能力。辅以轻柔的按摩，不仅对宝宝身体发育有益，更能增进与宝宝的情感交流。

- 床上
- 洗澡后或宝宝兴致较高的时候
- 游戏时间：3~5分钟

材料准备：无需任何材料

游戏步骤

1 换完尿布后或洗澡后，宝宝心情好时，让宝宝仰卧。

2 用两手轻轻抓住宝宝的双脚。让宝宝的脚像蹬自行车一样活动。

3 注视宝宝的眼睛，一边帮宝宝运动，一边说："骑自行车去旅行喽。"

4 重复以上动作，注意适当休息。

也可以这样玩

换尿布后，宝宝的心情会很好，这时可用这个游戏来延长他的好心情。特别是洗澡后，可为宝宝全身抹上乳液或婴儿油，一边做这个游戏一边为宝宝轻轻地按摩，效果会更好。

安全提示

宝宝的骨关节很柔软，不可用力推拉，若宝宝不配合则不要勉强。停止运动时，要轻轻放下宝宝的腿，以免不经意间宝宝腿会重重地落在床上。

身体扭扭扭
初步爬行练习

益智游戏好处多

当宝宝的脚踩到硬物表面时，他会做出迈步的动作，这称为“踏步反射”。你可以利用这种反射动作来帮宝宝练习爬行。这个游戏能锻炼宝宝的肌肉控制能力，可作为爬行前期的练习。

- 床上或铺有地毯的洁净的地板上
- 宝宝兴致较高时效果更好
- 游戏时间：3~5分钟

材料准备：铺着柔软地毯的地板、彩色的玩具或宝宝喜欢的画片

游戏步骤

1 让宝宝趴在柔软的地毯上。

2 在距离宝宝头部 10 厘米的地方放一个彩色的玩具或宝宝喜欢的画片，吸引他的注意力。

3 坐在宝宝后面，用你的腿或手贴紧他的脚掌，这时宝宝会用脚去推，从而使身体向前推进几厘米，靠向玩具。

4 移动玩具，并继续把手掌贴在宝宝的脚掌上，让他在地板上向玩具前进，观察宝宝的反应，发现宝宝着急时，不要再移动玩具，让他拿到玩具，这样会让他有成就感。

也可以这样玩

用一块板子或其他坚硬物体贴紧宝宝的脚掌。也可以用一个会移动的小车或其他能行走的玩具（速度一定要慢）放在宝宝前面来做这个游戏。宝宝对移动中的物体更感兴趣。

名字歌
听力训练

益智游戏好处多

如果从出生开始，你一直规范地呼唤宝宝的名字，到这个阶段，宝宝对自己的这个名字已经相当熟悉了。名字歌这个游戏随时都可以做，它可以促进宝宝语言的发展，训练宝宝的听力，最明显的效果当然要数哄宝宝睡觉了。

- 任何地方
- 任何时候，最好是宝宝感到很舒适的时候
- 游戏时间：3~5分钟

材料准备：你熟悉的，并且适合宝宝听的歌曲

游戏步骤

1 让宝宝躺下来或坐在安全座椅上，也可以让他坐在你的大腿上。最好让宝宝面对着你，这样他就可以注视着你的脸。

2 选一首你熟悉而且喜欢的歌曲，例如《摇篮曲》，以抒情的声调为宝宝唱出来，并把歌词里所有的“宝贝”都换成宝宝的名字。

3 也可以试试其他你熟悉的歌，在歌词中适时加入宝宝的名字。

也可以这样玩

歌词中也可以加入家人、宠物、宝宝的玩具的名字等，让宝宝高兴，并学习新的词汇和语言。

智力直通车

尽管宝宝还不能说话，但他的听力却无时无刻不在工作，他所听到的一切都会在他能表达时表现出来，用稍稍有些变化的语言引起宝宝的注意，可以有效训练宝宝的语言辨别能力。

乘着小船四处游 扩大视野

益智游戏好处多

宝宝一天天变得健壮了，虽然此时的宝宝还不能自己移动身体，但对于周围的世界却充满好奇，带着宝宝在屋子里四处“乘船”游览，可以让宝宝看见一个全新的世界。这个游戏可以锻炼宝宝的平衡能力，激发他探索世界的兴趣，同时对他也是很好的一种视觉刺激。

- 光滑的地板
- 宝宝兴致较高时效果更好
- 游戏时间：3~5分钟

材料准备： 两条柔软的小毯子或大毛巾

游戏步骤

1 将两条柔软的小毯子或大毛巾上下叠在一起，铺在柔软平滑的地面上。

2 让宝宝仰躺在毯子上。

3 蹲下身，抓住毯子一角，缓缓地拉着宝宝在屋子里四处走。

4 在你从一个房间移动到另一个房间时，和宝宝说一说你们看到的东西。

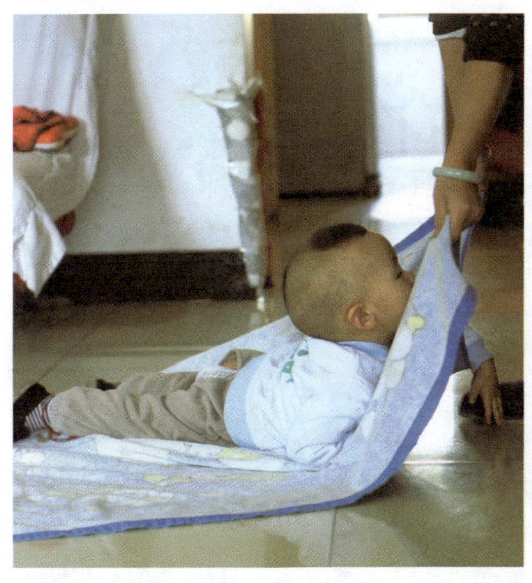

也可以这样玩

让宝宝趴在毯子上，不断扩大他的视野。要用小枕头或柔软的玩具在他的胸部加以支撑，使宝宝更加舒适。

安全提示

假如宝宝仰躺在毯子上，要在他的头部下方多垫一些物品，以免他总是看着天花板。移动毯子时要非常缓慢，小心沿路凸起的东西和危险物品。

开小车
另一个角度看世界

益智游戏好处多

这个游戏和上面的乘小船游戏类似，能让宝宝更好地欣赏家里的沿途风景，但是需要在宝宝可以靠着东西坐起来时才能玩。它能训练宝宝的平衡能力、对头部和颈部的控制能力和视觉跟踪能力。

- 光滑的地板
- 宝宝兴致较高时效果更好
- 游戏时间：3~5分钟

材料准备： 硬纸箱，大小约为60厘米×45厘米×30厘米，柔软的毯子或毛巾；约2米长的绳子

游戏步骤

1 找一个大小合适的纸箱，以宝宝坐进去以后，箱子可以整个包住他为宜。裁下箱子过高的部分，让宝宝得到支撑，同时方便宝宝越过箱子顶部看到外面。

2 在箱子正前方的一面打两个洞。将绳子两头分别穿过两个洞，并且牢牢地打个结。

3 把毯子或毛巾垫在纸箱里，让宝宝坐在上面，要确保他觉得舒适，同时还能得到支撑。

4 抓住绳子，轻轻地拉着小车里的宝宝，在屋子里四处转转或去院子里走走。

也可以这样玩

把箱子画成小火车头，或飞机、汽车、小船等其他宝宝喜欢的交通工具，也可以在箱子上加上其他的部件，改造成飞机、汽车或者小船的样子，增加游戏的趣味性。

安全提示

拉箱子的时候一定要慢，宝宝脆弱的颈椎才不会受伤，也不会因为突然的移动而受到惊吓。小心避开阶梯和不平的地面。箱子的边沿最好用布抱起来，以免划伤宝宝。

钓鱼
懂得运用技巧

益智游戏好处多

即使是很小的宝宝，也懂得利用技巧来解决问题，取得他想要的东西。这个游戏能训练宝宝的预期能力、因果推理能力和解决问题的能力，还能使他认识到物体的恒存性。

- 光线较好的地方，客厅里最好
- 宝宝注意力集中的时候
- 游戏时间：3~5分钟

材料准备： 约1米长的绳子、彩色的玩具、胶带、桌子

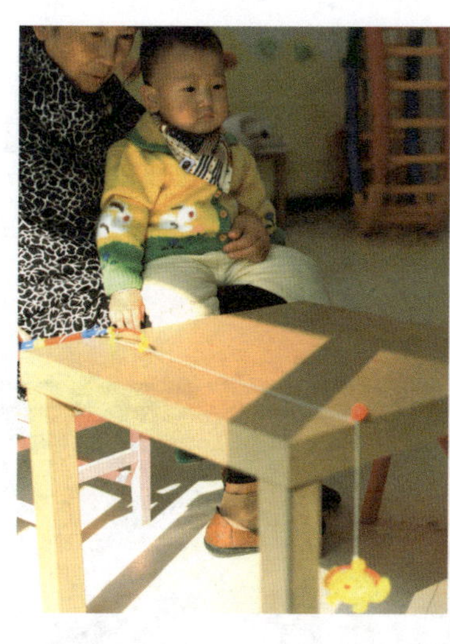

游戏步骤

1 将绳子的一端绑在彩色玩具上。绳子拉直放在桌上，玩具要垂吊在桌子下方视线看不见的地方。把绳子的另一端用胶带固定在桌子边。

2 让宝宝坐在你的大腿上，面对桌子和绳子。

3 撕掉胶带，并让宝宝捉住绳子的这一端。给宝宝时间去熟悉绳子。

4 鼓励宝宝拉绳子，你可以说些话来引导他："那是什么呀？""玩具在哪里呢？"当宝宝拉绳子，玩具出现在桌子另一端时，宝宝会非常惊喜。

也可以这样玩

如果宝宝对孤零零的一根绳子不感兴趣，可以将玩具放在视线之内，让宝宝试试如何利用绳子来拿到玩具。

安全提示

要一直注意宝宝，以免他被绳子缠住，小心宝宝过于专注而从你的腿上摔倒。

摘帽子
认识不同的角色

益智游戏好处多

3个月的宝宝已经学会辨识不同的面孔了，对于不同的表情和装扮也会有不同的反应。这个游戏让宝宝在好奇心的驱使下摘掉帽子，然后再把它戴回去，可以训练宝宝的因果推理能力，有助于克服对陌生的焦虑，还能加深宝宝对物体恒存性的认识。

- 光线较好的地方
- 宝宝注意力集中的时候
- 游戏时间：3~5分钟

材料准备：各种帽子、婴儿椅

游戏步骤

1 搜集家里各种帽子，如棒球帽、针织帽、消防帽、小丑帽、遮阳帽、草帽、浴帽，甚至彩色的羽毛帽等。

2 让宝宝坐在婴儿椅上，你坐在他对面，你的头顶稍微比宝宝低一些。

3 把一顶草帽戴在你头上，然后说："看，我是稻草人！"同时扮个鬼脸。

4 靠向你的宝宝，让他可以抓住帽子，把帽子拉掉，或是你自己摘掉帽子。

5 用一顶帽子反复玩几次，再换另一顶帽子。

也可以这样玩

在你和宝宝的头上各戴一顶帽子，并且一起照照镜子，如果宝宝用手抓掉帽子，就给他讲讲这是什么帽子，是谁戴的，帮他认识物品。

安全提示

有时候，你的外貌稍有改变，宝宝就会受到惊吓。如果宝宝看到你的改变手足无措，那么要很快把帽子摘掉，让宝宝知道你还是妈妈或爸爸。千万不要戴面具，这个阶段的宝宝很容易被面具吓到。

小球小球别落下 挑战协调性

益智游戏好处多

宝宝的双脚总是会不停地蹬来蹬去，不知疲倦，那么就给加一点惊喜吧。这是一个对你和宝宝都很有挑战性的游戏，同时也是一项很好的运动，可以帮助宝宝运动双腿，增加肌肉力度和协调性，帮助宝宝掌握运动技能。

- 光线较好的地方
- 宝宝对自己的腿感兴趣，不停运动的时候
- 游戏时间：3~5分钟

材料准备： 大的塑料沙滩球或其他塑料球，直径约30～60厘米、铺着柔软地毯的地板

游戏步骤

1 让宝宝仰躺在柔软的毯子上。

2 把宝宝的双腿拉到空中，脚掌朝天。

3 在宝宝的脚上放一个塑料球，并在宝宝踢脚时，试着让球保持在空中。

4 当宝宝踢脚的时候，转动球，并且试着将球尽量保持在宝宝脚上转动。

也可以这样玩

从较低的地方放开球，让它掉落到宝宝双脚上，看看他会不会试图去踢到球，一直试到他成功踢到球或是对这个游戏失去兴趣为止。如果成功了，要记得夸奖宝宝。

确定宝宝躺的地方非常柔软，因为当他踢的时候可能会因为过度兴奋而撞到地板上。注意不要让球碰到宝宝的脸，否则会吓到宝宝，使他对这个游戏产生厌恶感。球一定要干净，以免灰尘落入宝宝眼睛。

抓住再松开 手指的精细运动

益智游戏好处多

宝宝出生几个月以后，就会本能地抓住物品，但是要他松手却有点难。这个游戏可以协助他更善于控制手抓握的能力，培养精细运动技能和运动控制能力。

- 在家里，光线较好的地方
- 任何时候，宝宝安静时最好
- 游戏时间：3~5分钟

材料准备： 宝宝可以轻松抓住的小玩具，如摇铃、填充动物玩具、牙咬胶、积木等，桌子，婴儿高脚椅

游戏步骤

1 让宝宝坐在你的大腿上，或是坐在婴儿高脚椅上，靠近桌子边。

2 放一个小玩具在宝宝的面前，距离以宝宝必须往前移动一点才能抓住它为宜。

3 细心观察宝宝的注意力，鼓励宝宝去拿玩具。

4 在他抓住玩具并玩了一会儿之后，轻轻拉开他的手指，把玩具拿走放回桌子上，等他再去抓。

也可以这样玩

宝宝抓住玩具的手会非常紧，不要用力拉开宝宝的手指，可以拿另一个玩具吸引他的注意，当宝宝伸手抓第二个玩具时，就会放掉第一个玩具。如果他不小心把玩具从手里掉落，你可以说："哎呀!玩具掉了!"然后捡起玩具，看看宝宝是不是会再重复抓起和掉落的动作。

安全提示

这个阶段的宝宝喜欢把东西往嘴里放，所以宝宝的玩具一定要干净而且没有尖角。如果宝宝喜欢重复抓起和松手让玩具掉落地上的动作，不要阻止。

袜子玩偶 培养专注力

益智游戏好处多

宝宝的视觉在飞速发展发展，这个阶段，他逐渐可以看清较远的东西了。你可以在喂奶、换尿布以及游戏时和宝宝玩这个游戏，它可以训练练宝宝的专注度和视觉跟踪能力，提高宝宝的视觉敏锐度。

- 光线较好的地方
- 宝宝注意力集中的时候
- 游戏时间：3~5分钟

材料准备： 干净的白袜子、水彩笔、婴儿椅

游戏步骤

1 找一双白袜子，最好是新的，大小要可以套在你的手上。

2 用水彩笔在袜子的趾尖上画上眼睛、眉毛、鼻子、耳朵，在脚后跟上画出嘴巴，并画上红色的舌头，做成袜子玩偶。

3 把宝宝放在婴儿椅或是你的大腿上。

4 将一个袜子玩偶套在你的手上，对宝宝唱歌、念儿歌或和宝宝聊天。可以在另一只手上也套上一个袜子玩偶，让游戏更有趣。

也可以这样玩

用宝宝的袜子做出一套小袜子玩偶，在玩这个游戏时，将小袜子玩偶套在宝宝的小手上。还可以在袜子上缝上珠子眼睛、绒球鼻子、布块嘴巴和舌头，以及纱线头发，做出立体玩偶。

如果你要做立体玩偶的话，要确保所有零件都缝得很牢，而且千万别让宝宝把袜子放进嘴里。如果你用水彩笔画玩偶，别让宝宝用嘴吸袜子。

下雨啦，下雨啦

感受水的特性

益智游戏好处多

和宝宝一起淋浴是一件多么幸福的事啊，然而普通的喷头出水太急，很容易引起宝宝不安，那就动手做一个适合宝宝的玩具喷头吧。这个游戏能为宝宝提供完美的感觉神经刺激，把每日的洗澡变得无比快乐。

- 浴室里
- 宝宝洗澡的时候
- 游戏时间：3~5分钟

材料准备： 锥子、塑料瓶（最好是矿泉水瓶）、婴儿浴盆或普通的浴缸

游戏步骤

1 用锥子把塑料瓶的底部与侧面戳出洞，每两个洞的距离大约为 2.5 厘米。

2 把宝宝放进婴儿浴盆里。在塑料瓶内装满温水，把瓶子拿高，让宝宝可以看见水怎样从洞中喷出来。

3 把瓶子抬高到宝宝的身体上空，让水轻柔地洒在他身上。

4 如果宝宝喜欢的话，把瓶子放在他头的上方，跟他说“下雨啦！下雨啦！”如果宝宝想要自己玩，那就由他摆弄吧。

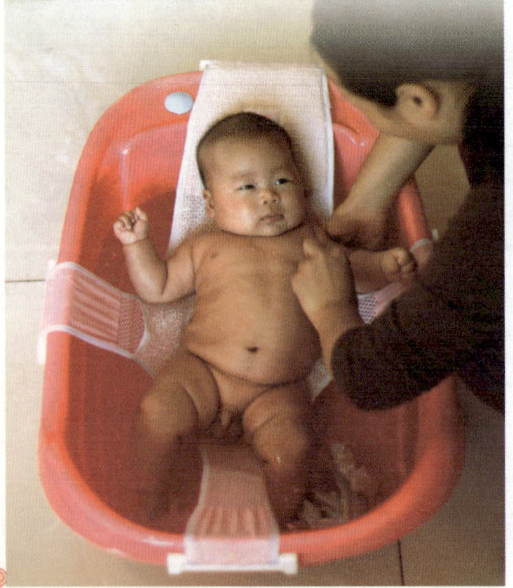

也可以这样玩

用塑料瓶玩其他有关水的游戏。任何一只塑料瓶都可以做成很好的喷水器，浇花用的洒水壶也是不错的选择。

安全提示

尽量不要把水弄进宝宝的眼睛里，尤其是水中混有沐浴泡的时候。如果宝宝不喜欢脸和头被弄湿，就只把水洒在他身上。

骑上马儿哒哒哒
控制平衡

益智游戏好处多

你可以带宝宝去“骑马”，但是不必离开家!你的身体可以当宝宝的交通工具，你的嗓子可以模仿各种声音。所以，让宝宝跨上马鞍，沿着马场漫步吧!这个游戏可以训练宝宝的平衡能力和肌肉控制能力。

- 家里
- 宝宝哭闹的时候
- 游戏时间：3~5分钟

材料准备：舒适的椅子、小毛巾

游戏步骤

1 脱掉你的鞋子，坐在一张舒适的椅子上，双腿交叉。

2 在你的脚踝上放一条小毛巾。

3 让宝宝面对着你坐在小毛巾上，双臂向前伸展。

4 握住宝宝的双手，轻轻上下移动你的腿，让宝宝骑在上面。你可以一边摇动，一边唱歌给宝宝听。

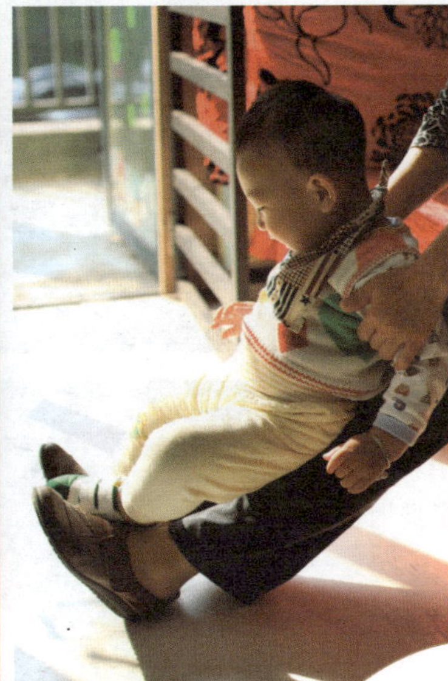

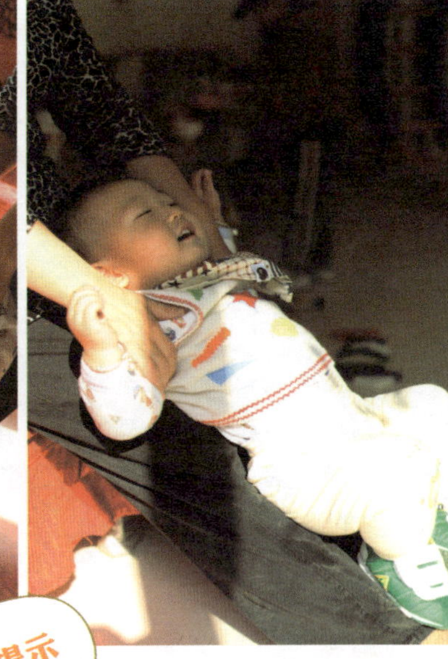

也可以这样玩

让宝宝坐在你的膝盖上，上下移动你的腿，模仿骑马的感觉。还可以让宝宝背对你，在上下移动中看看周围环境。

安全提示

千万不要晃得太厉害，动作要缓慢、温和，以免伤害宝宝脆弱的颈椎。

手电筒游戏 认识神奇的光

益智游戏好处多

光线会令宝宝感到无比惊奇。这个游戏能够强化宝宝的视觉，可以在宝宝临睡前，或是安抚宝宝的时候玩。它还能锻炼宝宝的因果推理能力，提高对环境的认知，对视觉跟踪能力也是一种极好的训练。

- 较暗或黑暗的房间
- 晚上睡觉前
- 游戏时间：3~5分钟

材料准备：手电筒

游戏步骤

1 找一间没有光线的黑暗房间，最好是在晚上，抱着宝宝坐在椅子或地板上。

2 打开手电筒，把光柱投射到墙壁上。跟宝宝说话，引起他对灯光的注意，如："你看，亮亮的！"

3 缓缓地将光柱四处移动，停在有趣的物体上。当物体被照亮的时候，说出那个物体的名字，例如："那是你的泰迪熊！"

4 继续移动光柱，直到宝宝失去兴趣为止。

也可以这样玩

帮助宝宝自己握住手电筒，看看他是否知道如何使光柱移动，或是给他一个属于他自己的小手电筒，任由他四处照，但要时刻防止他照自己的眼睛。

安全提示

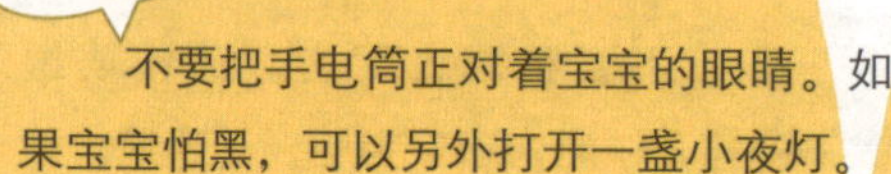

不要把手电筒正对着宝宝的眼睛。如果宝宝怕黑，可以另外打开一盏小夜灯。

小蜘蛛爬呀爬 培养身体意识

益智游戏好处多

宝宝对呵痒游戏百玩不厌，变一下方式，加上儿歌，就能把把简单的呵痒变得更加有趣。这个游戏可以帮宝宝进一步熟悉他的身体．并能增强宝宝的身体意识和对感官刺激的反应能力，享受和别人互动的乐趣。

- 房间内较安静
- 宝宝在床上，想要和爸爸妈妈互动的时候最好
- 游戏时间：3~5分钟

材料准备：婴儿椅

游戏步骤

1 脱掉宝宝的衣服。把宝宝放在婴儿椅或你的大腿上。

2 念下面的儿歌，同时配合手指动作。

可爱的蜘蛛爬上墙，
(用你的手指在宝宝的胸部至下巴部位移动)

哗啦哗啦下大雨，冲走了蜘蛛，
(你的手指在他的胸部划动，就像雨在下一样)

太阳出来，晒干了雨水，
(轻拍宝宝的肚子)

可爱的蜘蛛又爬上墙，
(你的手指再度在宝宝的胸部移动)

3 反复做这个游戏，每次速度都加快一点。

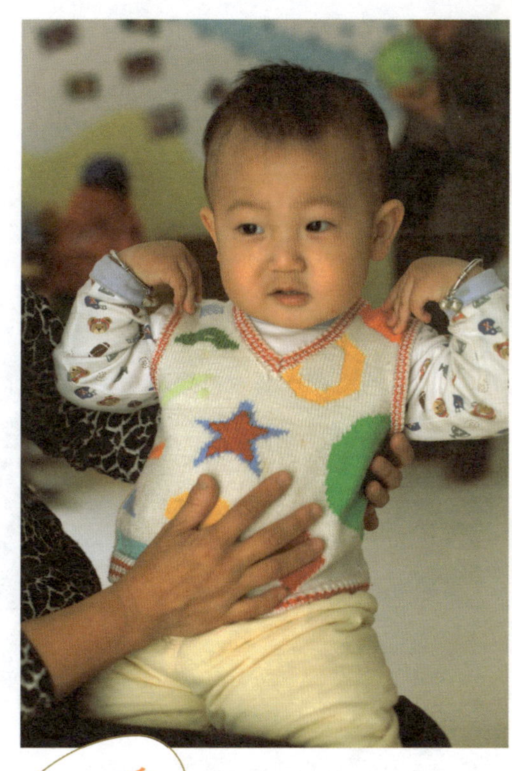

也可以这样玩

用一个柔软的小玩具来代替你的手指，最好是毛绒的蜘蛛玩偶。如果是别的动物玩偶，就将儿歌中的“蜘蛛”改成那种动物的名字。

安全提示

如果挠痒痒使宝宝的反应过于激烈，则要停一会再进行。过分挠痒痒会使有的宝宝不高兴，游戏过程中要视宝宝的反应进行。

宝宝坐起来
锻炼对头颈的控制能力

益智游戏好处多

抓握能力是宝宝与生俱来的本能之一，当宝宝柔软的小手紧握你的手指时，你一定会感到一种不可言喻的幸福。这个游戏不仅能够带给宝宝参与活动的惊喜，还可训练宝宝的抓握能力，以及对头部和颈部的控制能力。

- 家里，光线较好的地方
- 宝宝躺着想要跟你交流的时候
- 游戏时间：3~5分钟

材料准备： 柔软的毯子、宝宝喜欢的玩具

游戏步骤

1 让宝宝躺在柔软的地毯上。坐在宝宝脚边，面对着宝宝。

2 把宝宝喜欢的玩具放在宝宝眼前，等宝宝试图去抓的时候，把你的双手大拇指放在宝宝的手掌中，让他抓紧，再用你的手指裹住宝宝的手背。

3 轻轻拉起宝宝，让他由平躺慢慢变成坐姿，并对宝宝说："宝宝（或他的名字）坐起来。"

4 宝宝坐起来后，给与他鼓励的表情，再让他躺下去，重玩一次。

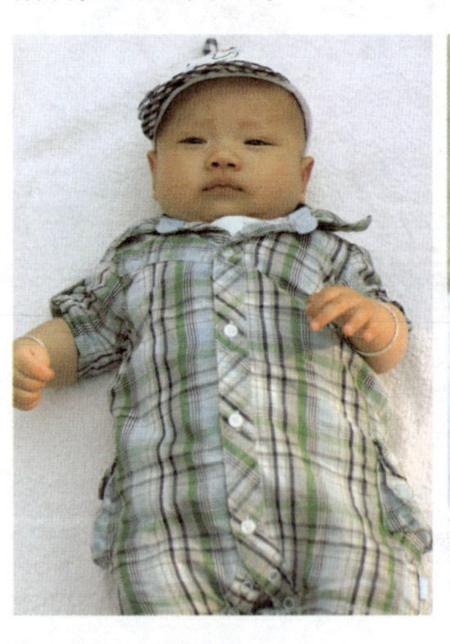

也可以这样玩

帮宝宝坐起来，然后让宝宝紧紧抓住你的双手大拇指，拉他慢慢站起来。这是练习宝宝腿部力量的好游戏。有的宝宝可能要到6个月以后才能站。所以不要强求。

安全提示

宝宝对头部肌肉的控制能力还很差，坐起过程中很容易出现头向后仰的情况，因此一定要握住宝宝的双手，缓缓移动，以免宝宝的颈椎受伤。

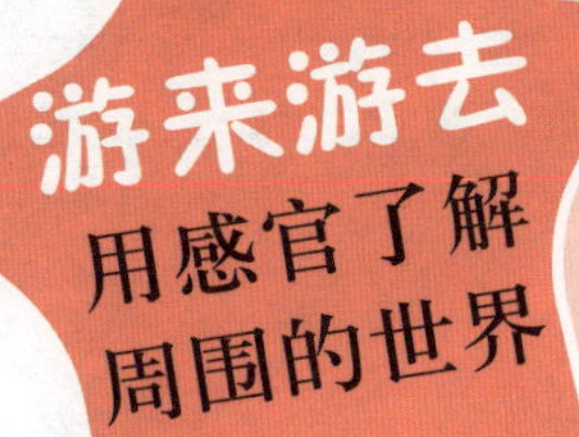

益智游戏好处多

大多数宝宝都喜欢玩水，和宝宝一起玩浴缸里的游戏，可以为宝宝提供全方位的感官体验，训练他的肌肉控制能力，提高他的环境认知能力，帮助他通过感官进一步了解自己和周围的世界。

- 浴室里
- 给宝宝洗澡的时候
- 游戏时间：3~5分钟

材料准备：浴缸、浴巾

游戏步骤

1 在浴缸里放上适量温水，水温以40℃左右为宜。慢慢地将宝宝放进水里，让他适应水温和浴缸环境。

2 轻轻地给宝宝身上淋水，让宝宝慢慢熟悉水的特性，注意尽量不要把水淋在宝宝头上，因为大多数宝宝不喜欢这样。

3 把宝宝放平，用双手牢牢抱住宝宝的肚子，缓缓在水面来回移动，可以同时模仿汽艇的声音。宝宝的头一定要在水面之上。

4 在浴缸每游完一个来回，就让宝宝休息几分钟。如果宝宝特别兴奋，一直拍打水面，就让他尽情玩耍，看好他确保不被水呛到。宝宝不再想玩时及时抱起来用浴巾擦干并包好，避免受凉。

也可以这样玩

让宝宝仰躺，托着宝宝，反复玩这个游戏。或是在水中放一些玩具，把宝宝移向它们，快碰到这些玩具时再把他移开。

安全提示

宝宝的头部一定不能浸到水里，同时他的脸、眼睛和嘴巴也不要沾到水。注意水温不要太低，可适当添加热水，保持水温。添水时要先把宝宝抱起来，水温均匀后再把宝宝放进去。

0~3岁宝宝
益智
亲子游戏

关心自己和家人，渴望交流

当宝宝学会控制身体各个细微部位时，他就会整天停不下来。经过不断练习，宝宝很快就学会了坐，甚至会站。同时，他抓握东西的动作也越来越精细、准确，从用整个手掌去抓变成用食指与大拇指去捡。

与此同时乳牙的生长会促使宝宝把手放到口中搓揉，别太介意，这也是宝宝认识世界的一种独特方式，它会渐渐帮助宝宝准确地把食物放进嘴巴里。

这段时间，宝宝开始会倾听你说话，并且试着进一步了解语言的意义，他已经听得懂一些经常听到的话，开始懂得利用肢体语言“说话”，并能通过面部表情让别人了解他的需求。

这一阶段的游戏要更多地加入语言的部分，与宝宝交流会让他的智力发育更为迅速，交流也会让你更轻松更明确地了解他的需求，随时给予帮助。

跟妈妈一起做鬼脸

认识表情

益智游戏好处多

7个月的宝宝已经能够识别亲人的面部特征，通过一些表情变换的游戏，可以让宝宝对表情的认识更为深入，还可以帮助宝宝缓解对陌生人的焦虑感。这个游戏还有利于宝宝识别他人的情绪，为他掌握良好的社会交往技能奠定初步的基础。

- 明亮的环境
- 宝宝精力充沛时
- 游戏时间：4分钟

材料准备：婴儿椅

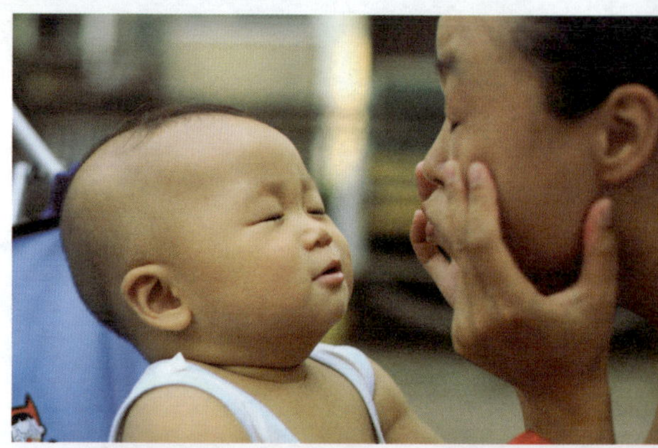

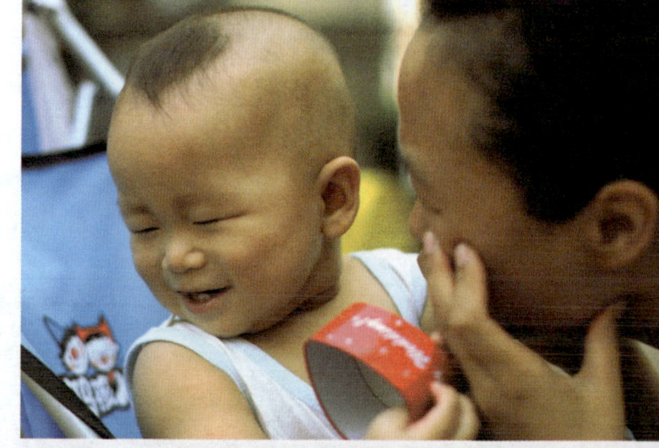

游戏步骤

1 把宝宝放在婴儿椅或床上，模仿老虎，说："我是大老虎！啊呜——"同时做老虎的表情，张大嘴巴，瞪大眼睛。

2 模仿小猫，说："我是小猫咪！喵喵——"同时模仿小猫咪，用手指表示胡子。

3 模仿小老鼠，说："我是小老鼠！吱吱——"同时五官挤到一起模仿老鼠的表情。

4 反复做各种鬼脸，逗引宝宝观察各种表情和声音的变换。

也可以这样玩

做一些各种动物的面具，戴在头上或放在脸上，发出相应的声音，然后露出你的脸，做出面具上的表情，观察宝宝的反应。

安全提示

给宝宝做鬼脸时，表情尽量夸张，但不要恐怖，以免吓着宝宝，给宝宝造成不良影响。

叮铃铃，电话响了

识别声音

益智游戏好处多

在学会说话之前，宝宝“说”的兴趣也是很高的。正是这个时期的“听”、“说”，铸就了宝宝以后真正的听、说能力。打电话的形式既可调动宝宝对语言的兴趣，促进其语言智力的发展，又可以帮助宝宝提升人际交往智慧。

- 亮的环境
- 宝宝比较安静时
- 游戏时间：3分钟

材料准备：两个玩具电话听筒

游戏步骤

1 准备两个玩具电话听筒，让宝宝靠坐在床上，妈妈坐在对面。

2 妈妈拿起玩具电话，对着电话说：“喂，宝宝在家吗？”

3 帮助宝宝拿起电话，说：“叮铃铃，来电话了，宝宝接电话吧。”

4 妈妈可以聊聊今天自己做的事和宝宝做的事。

也可以这样玩

当宝宝睡醒之后，妈妈用缓慢的、柔和的语调告诉宝宝，妈妈正在做什么，今天的天气如何，妈妈的心情怎么样，如：“宝宝，妈妈正在帮你换尿布！”“你睡觉梦见妈妈了吗？”“妈妈非常爱你”等等。每次4~5分钟。

智力直通车

听是宝宝学习的第一步，所有的学习都要借着听觉才能慢慢发展。妈妈在与宝宝对话时要尽量强调宝宝对生活常用词的认识和理解，比如“尿尿”、“饿了”、“高兴”、“漂亮”等。要调动宝宝说话的热情，尽量重复宝宝“咿咿呀呀”的语言，并且加上相应的“注释”。

益智游戏好处多

每个宝宝都是天生的音乐家。以音乐和儿歌的感染力去刺激宝宝，使宝宝在愉快的情绪中进行简单的节奏训练，为培养宝宝的音乐智能打下基础。

- 安静的室内
- 宝宝兴致较高时
- 游戏时间：4分钟

材料准备：一段有明显高低音区别的乐曲

游戏步骤

1 妈妈抱着宝宝听音乐，并不时对宝宝说："宝宝听，音乐多好听啊！"

2 当听到音乐的高音部分时，将宝宝高高举起，并对他说："宝宝长高了！"

3 当听到低音时，妈妈把宝宝放低，说："宝宝变矮了！"

4 反复做几次。

也可以这样玩

妈妈握着宝宝的手，与爸爸面对面跟着音乐或儿歌的节奏拍拍手。爸爸一边跟着音乐拍手，一边有节奏地念儿歌，自己拍一次，与宝宝两手对拍一次，反复几次。重复几次后，让宝宝随意拍手。

安全提示

宝宝在听音乐时会手舞足蹈，动作幅度较大，妈妈抱着的时候要注意抱稳了，小心宝宝脱离怀抱。

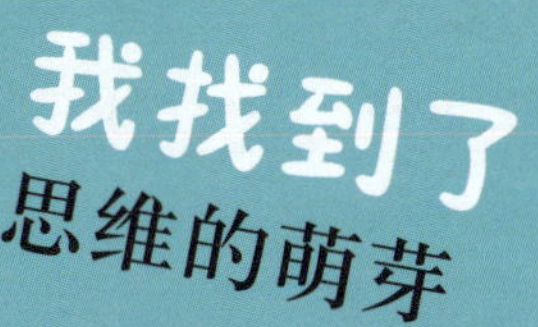

我找到了
思维的萌芽

益智游戏好处多

这个阶段的宝宝对物体恒存性还没有较深的认识，多次训练则能帮他尽快建立这种认识。这个游戏还能使宝宝的好奇心和主动学习的潜能得到激发，有助于宝宝发现物与物之间的关系，促进动作思维的萌芽。

- 明亮的室内
- 宝宝兴致较高时
- 游戏时间：3分钟

材料准备：宝宝喜欢的玩具，比如玩具熊

游戏步骤

1 给宝宝看一个他最喜欢的玩具，然后再把它藏起来。

2 鼓励宝宝寻找玩具，问问类似于“小熊在天上吗？”这样的问题，然后抬头看看天。

3 再问：“小熊在地上吗？”再低头看看地。

4 接着问：“小熊在我手里吗？”

5 等宝宝的目光落在你的手上时，惊讶地说：“是的，小熊在妈妈的手里呢！”找到后给宝宝玩一会儿。

也可以这样玩

妈妈藏的时候，爸爸抱着宝宝到妈妈的身后去找，一边说：“啊，小熊维尼在这儿呢！”让宝宝体验发现的乐趣。

智力直通车

物体恒存性，通俗地讲就是即使他看不到，那件物体也仍然存在。重复玩类似上面的游戏，可使宝宝逐渐明白玩具并没有消失，只是他暂时没有看见而已，这是迈向逻辑思维的重要一步。但要注意，玩具消失的时间不要太长，以免宝宝失去兴趣。

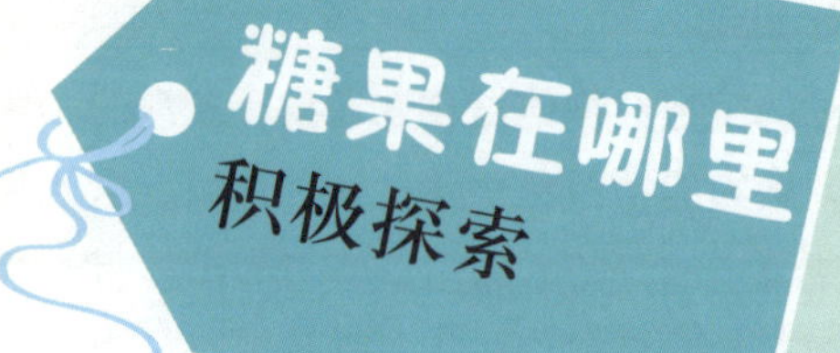

糖果在哪里

积极探索

益智游戏好处多

好奇心和求知欲是人一生学习的动力，宝宝时期是好奇心和求知欲最强烈的一个时期。让宝宝在探索中发现，在发现中成长，可以培养他学习的积极性和主动性。

- 安静的室内
- 宝宝注意力较集中时
- 游戏时间：5分钟

材料准备：一条大毛巾、宝宝的小玩具、独立包装的小食品（比如糖果之类的）

游戏步骤

1 妈妈准备一条大毛巾和宝宝的小玩具，还有若干独立包装的小食品比如糖果等。

2 妈妈左手拿着毛巾，右手拿出一块糖，面对宝宝将糖块塞到毛巾里，用毛巾包起来。

3 妈妈蹲下问宝宝："糖在哪儿呢？"鼓励宝宝打开毛巾，将糖块找出来。

4 随机在毛巾中塞入另外一件小物品，然后再请宝宝打开毛巾，看看是什么。宝宝打开毛巾后，妈妈要用惊喜的声调说出物品的名称。

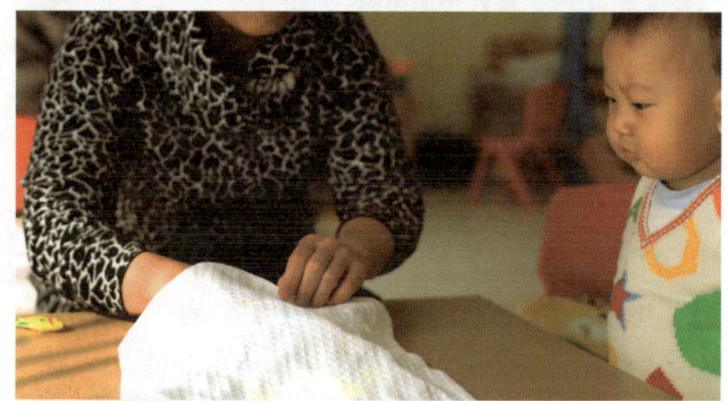

也可以这样玩

让爸爸和宝宝藏，妈妈和宝宝一起来找，这样可培养宝宝与人合作的意识，与妈妈一起完成一项任务，会大大增强宝宝的信心。

益智游戏好处多

抓握能力的发展代表着宝宝手部运动能力的大幅度提高，这个游戏既可帮助宝宝完善手部的精细运动技能，还有利于提高宝宝对颜色的识别能力。把五颜六色的碎纸屑想象成五彩的雨滴，可以培养宝宝超群的想象力和洞察力。

- 室内地板上
- 宝宝兴致较高时
- 游戏时间：4分钟

材料准备：红、黄、蓝、绿色的彩纸，开口的盒子

游戏步骤

1 将各种颜色的彩纸剪成碎屑，放进开口的盒子里。

2 让宝宝坐在地板上，将装有碎纸的盒子放在他面前。

3 妈妈抓起一些握在手里，把手臂举高，手心向下，然后慢慢松开手掌，让彩色的纸屑飘落下来。同时配合说：“哗啦啦，哗啦啦，下雨啦，大雨哗啦啦，小雨沙沙沙，大雨小雨一起下，宝宝见了笑哈哈。”

4 鼓励宝宝像妈妈那样抓一把纸屑，伸出手臂，手心向下，然后松开小手，让纸屑飘落。鼓励宝宝模仿妈妈的发音：“哗啦啦，沙沙沙。”

也可以这样玩

爸爸坐在地板上，把头低下，鼓励宝宝抓住彩纸，在爸爸的头上撒开。妈妈在一旁边拍手边说：“下雨啦，下雨啦！”爸爸的身上挂满彩色的小花，宝宝看了会特别开心。

安全提示

注意照看好宝宝，以防宝宝把纸屑放进嘴里。游戏尽量选择在地板上进行，便于清扫。彩纸要选择柔软的，不要用硬的、脆的，以免划伤宝宝。

翻山越岭找玩具

爬行中成长

益智游戏好处多

6个月的宝宝对于刚刚学会的爬行有着浓厚的兴趣，在爬的过程中，宝宝的四肢能得到充分活动，增强平衡能力，为运动智能的发展奠定良好的基础。这个游戏还能让宝宝获得自己发现问题和解决问题的乐趣。

- 床上
- 宝宝注意力较集中时
- 游戏时间：5分钟

材料准备：宝宝喜欢的玩具

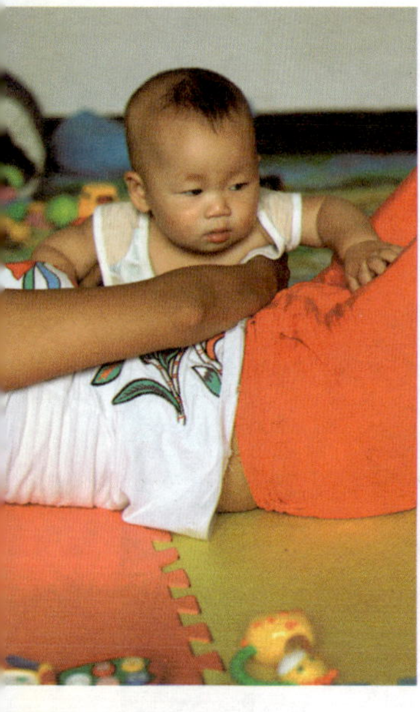

游戏步骤

1 妈妈仰卧在床上，让宝宝趴在自己身体的左侧。

2 妈妈拿起宝宝喜欢的玩具逗引宝宝，然后将玩具放在自己身体的右侧。

3 此时宝宝的目光会追随玩具，观察宝宝的举动，鼓励宝宝从妈妈的身体上爬过去把喜欢的玩具拿过来。

4 宝宝拿到玩具后要亲吻、鼓励宝宝。

也可以这样玩

用被子或靠垫做成一道“屏障”，把玩具放在“屏障”的一侧，鼓励宝宝翻过去拿回玩具。

安全提示

“屏障”不要做得太高，你要始终在一旁保护宝宝，以免宝宝翻过来时头部受伤。

找啊找啊找妈妈
攀越训练

益智游戏好处多

寻找妈妈是宝宝本能的反应，已经掌握爬行技巧的宝宝会始终追随妈妈的身影。这个游戏能让宝宝在寻找妈妈的过程中锻炼胸腹背与四肢的肌肉，促进骨骼的生长，宝宝反复面对压力，有利于使大脑产生控制恐惧感的情绪。

- 床上
- 宝宝兴致较高时
- 游戏时间：4分钟

材料准备：枕头、软垫或毛绒玩具等

游戏步骤

1 让宝宝俯卧在地毯或床上，在你和宝宝之间堆放一些枕头、软垫或毛绒玩具等。

2 你躺在另一侧，一边呼唤宝宝，一边鼓励宝宝爬过来找妈妈。

3 让宝宝学着手膝爬行去越过障碍物，爬到你身边，并且用语言鼓励他。

4 宝宝找到妈妈后，妈妈要用亲吻表示赞赏，让宝宝有一种成就感。

也可以这样玩

爸爸妈妈轮流和宝宝做这个游戏，让宝宝体验游戏的快乐和家庭的幸福。在和睦、热情的家庭氛围中生活的宝宝，才能健康快乐地成长。

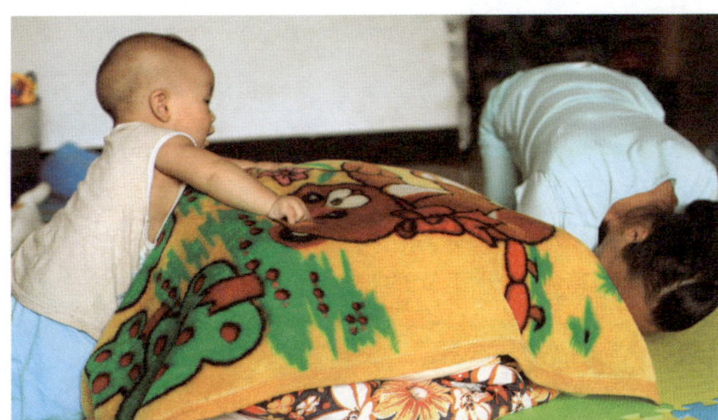

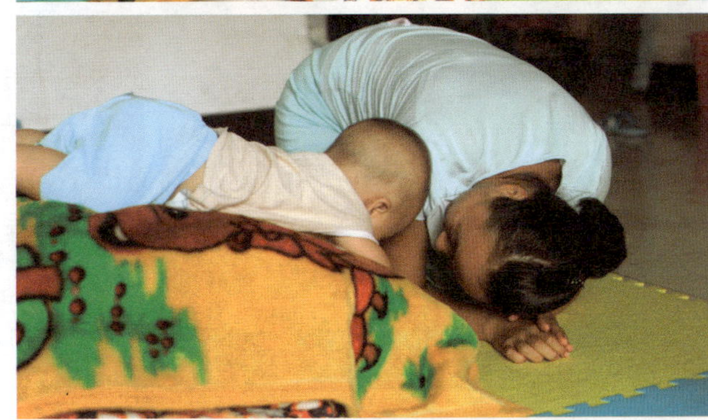

小花猫钻山洞
越爬越聪明

益智游戏好处多

8~9个月宝宝爬行的能力直接影响到宝宝大脑的开发。而且，变换身体方位和空间有助于丰富宝宝的空间知觉和视觉智能。一些看似简单的爬行游戏就可以帮助宝宝建立这些感觉。

- 家里空地上
- 宝宝兴致较高时
- 游戏时间：5分钟

材料准备： 宝宝的玩具、柔软但不易滑动的地毯

游戏步骤

1 在家里较开阔的地方，爸爸或妈妈膝盖着地，手撑地，搭成一个“山洞”。

2 在身体的一侧堆放一些玩具，鼓励宝宝钻过“山洞”，向前爬，拿回玩具。在地面铺上小毛毯或其他柔软的覆盖物，以免地板太硬，宝宝觉得不适。

3 宝宝拿到玩具后鼓励宝宝往回爬，交给妈妈。

4 宝宝钻过“山洞”时，爸爸妈妈为宝宝欢呼。宝宝为妈妈拿回玩具，妈妈要及时给予鼓励并计数。

也可以这样玩

在距离宝宝3~4米远的地方，放置洗干净的红苹果、青苹果各几个，妈妈鼓励宝宝爬过去拿苹果，再爬回来交给妈妈，妈妈拿到苹果和宝宝一起数一数。

安全提示

特别要注意宝宝爬行的地面上是否掉有小物品，如扣子、大头针、曲别针、豆粒、硬币等。还应对玩具进行仔细检查，看看玩具的零部件，如眼睛、小珠子等有无松动或掉下来的可能。

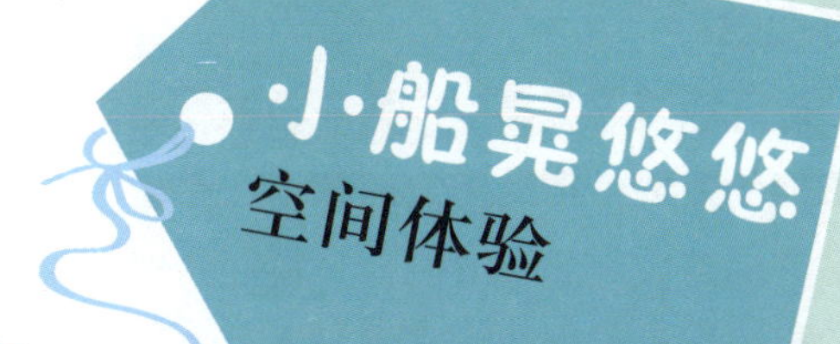

益智游戏好处多

洗澡是宝宝非常喜欢的活动，划小船的形式对宝宝平衡能力的发展大有帮助，可丰富对大脑神经的刺激。

- 浴室内
- 宝宝对洗澡充满兴趣时
- 游戏时间：5分钟

材料准备： 浴缸、塑料浴盆或充气的塑料救生圈、毛巾

游戏步骤

1 浴缸中注入半缸温水，再将宝宝的塑料浴盆一个（或充气的塑料救生圈）装半盆温水，铺上一条毛巾，把浴盆放入浴缸。

2 把宝宝放入浴盆中或救生圈里。给宝宝洗澡。

3 一边洗，一边晃悠浴盆或救生圈，让宝宝感觉像在坐小船。妈妈可以一边说："小船荡啊荡，宝宝晃呀晃。"

也可以这样玩

在宝宝兴致较高的时候，爸爸双手托住宝宝的胸腹部，把宝宝稍稍托起，并把宝宝悬空向前后来回做摇摆动作，让宝宝感受空间的变化。

注意别让宝宝的"小船"翻了。爸爸托起宝宝时要抱稳了，小心宝宝脱落。

小蜜蜂，嗡嗡嗡
丰富想象力

益智游戏好处多

游戏时伴随儿歌可以提高宝宝的节奏感，促进宝宝语言智能的发展，帮助宝宝理解语言和动作之间的关系，提高宝宝的学习能力。良好的理解力和丰富的想象力是促进和提高学习能力的基础，能使宝宝具有超凡的创造力。

- 安静的室内
- 宝宝兴致较高时
- 游戏时间：5分钟

材料准备： 能戴在头上的蜜蜂模型或卡片

游戏步骤

1. 妈妈和宝宝面对面坐在床上或地毯上，妈妈戴上一个蜜蜂头饰来扮演小蜜蜂。
2. 妈妈一边念“一只小蜜蜂”一边用食指做“1”的动作，将两手放在头的两侧。
3. 念“飞到花丛中”时，伸出两只手在身侧，做“飞”的动作。
4. 念“飞到西来飞到东”时，分别向左右侧过身体，做“飞”的动作。
5. 念“飞来飞去嗡嗡嗡”时，夸张地用嘴发出“嗡嗡嗡”的声音，并将头靠近宝宝。

也可以这样玩

宝宝坐在婴儿椅里，或由妈妈抱着，爸爸装扮成小蜜蜂，加上全身动作，在宝宝面前来回“飞”，让宝宝更形象地理解“飞来飞去”的含义。

智力直通车

想象力是一切创造力的先决条件，它比知识更为重要。当你运用你的想象力并鼓励宝宝也用他的想象力的时候，比如说“看，我是丛林里的一只老虎！”“咱们假装正在去好远的地方”时，你就是在激发宝宝的大脑去建立他自己的“想象力路径”。

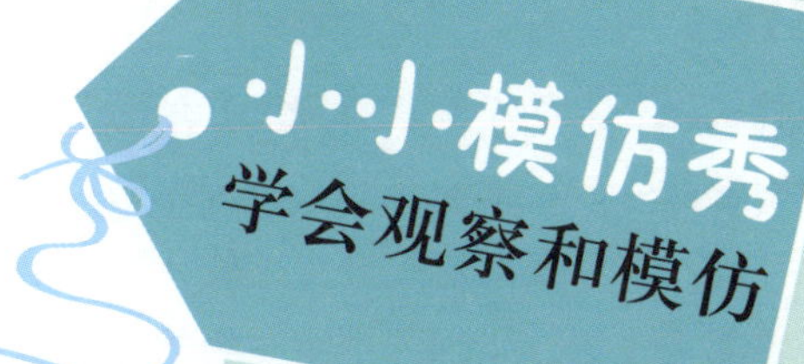

小小模仿秀
学会观察和模仿

益智游戏好处多

观察和模仿是宝宝很重要的两项能力，你会发现，你不经意的一个动作或行为已经对宝宝形成了影响。有意识地做一做模仿游戏，可以使宝宝观察和模仿的能力大为提高。

- 妈妈怀里或婴儿椅上
- 宝宝注意力较集中时
- 游戏时间：5分钟

材料准备： 无需任何材料

游戏步骤

1 妈妈把宝宝抱在怀里或放在婴儿椅上，说："小脑袋，摇一摇。"同时做摇头的动作，鼓励宝宝模仿。

2 妈妈说："小眼睛眨一眨。"同时做眨眼睛的动作，请宝宝模仿。

3 妈妈说："小手指挠一挠。"同时用手做抓挠的动作，一边说，一边握着宝宝的手腕引导宝宝模仿。

4 也可以做其他的动作，但不要过于复杂，以免影响宝宝的积极性。

也可以这样玩

妈妈在给宝宝喂饭的时候可以练习模仿游戏，帮助宝宝学会自己吃饭。比如妈妈张大嘴巴说："啊！"并将食物送到宝宝嘴边，让宝宝模仿。怎样拿勺子，怎样把食物放到勺子里都可以引导宝宝模仿。

智力直通车

模仿是宝宝的一种特殊而重要的学习形式，通过观察、模仿成人的行为动作、语言等，宝宝能够学习一些规则，然后内化于自己的行为中，模仿对宝宝各种行为的建立和影响非常重要。爸爸妈妈在生活中一定要注意自己的语言和行为，为宝宝提供正面的模仿对象。

玩具变变变

感受物体的恒存性

益智游戏好处多

魔术是一种很吸引人的游戏，将宝宝心爱的玩具在你的手中变来变去，面对这一切，宝宝一定会觉得无比神奇。这个游戏能提升宝宝的认知能力、手眼协调能力，进一步加深宝宝对物体恒存性的认识和理解。

- 床上或地毯上
- 宝宝注意力较集中时
- 游戏时间：5分钟

材料准备： 小玩具

游戏步骤

1 选一件能吸引宝宝注意的小玩具，要小得足以藏进你的手中。

2 让宝宝仰躺着，给他看玩具，并让宝宝拿着玩具玩几分钟。

3 轻轻地从他手中拿走玩具，把玩具放在你的手掌上。

4 把双手合起来，让宝宝看你合上的拳头，问宝宝："玩具在哪里？"

5 如果宝宝用手去抓你的手，松开拳头，让他看看玩具是否在这只手中。如果宝宝感到困惑的话，张开你的手，把玩具给他看，同时说："玩具在这里！"

6 重复这个游戏，变换左右手和不同的玩具。

也可以这样玩

在你的指甲上涂上彩色指甲油，或是用水彩笔画上小脸谱。给宝宝看你的指甲，然后弯起手指，把指甲一只一只藏进手掌中，然后再让它们一只一只重新出现，接着再把它们藏起来。

确定玩具不会太小，以免宝宝误食。

益智游戏好处多

模仿是一项很重要的技能，宝宝几乎所有的技能都是靠模仿形成的，运动方面的模仿最为直接，可以多加尝试。这个游戏可以在模仿中训练宝宝视觉搜寻能力和手部操作能力，尤其是手眼协调能力。

- 地板上
- 宝宝对活动感兴趣时
- 游戏时间：5分钟

材料准备： 洗净的饮料纸盒数个、小玩具数种、胶带

游戏步骤

1 先把纸盒上下挖空，以胶带固定在墙面上，高度要与宝宝坐下时鼻子的高度平齐。

2 给宝宝示范，把小玩具分别丢进各纸盒中。

3 然后抱着宝宝坐在纸盒前面，把小玩具给宝宝，让宝宝自己丢。

4 玩具掉落后，可协助宝宝捡回来再丢，但不要代为捡回，可先观察宝宝是怎样尝试拿回玩具的。

也可以这样玩

只把纸盒的一面挖空，示范之后，让宝宝投玩具，当宝宝把玩具投进去之后，看不到玩具了，问宝宝："玩具哪里去了？"然后扶着宝宝，让宝宝自己去发现并取回玩具。

安全提示

不要让宝宝自己扶着墙上的纸盒站立，否则会很容易摔倒。

动物园之旅 辨别不同的声音

益智游戏好处多

宝宝刚开始学说话时，很喜欢发出各种声音。利用这个游戏和宝宝进行一次动物园想象之旅，不仅可帮助宝宝认识动物，还能增加宝宝的倾听能力和语言技巧。

- 婴儿椅上
- 宝宝注意力较集中时
- 游戏时间：5分钟

材料准备：各式填充动物玩具或大幅的动物图片、婴儿椅

游戏步骤

1 搜集各种填充动物玩具或大幅动物图片。让宝宝坐在婴儿椅上，你坐在他的对面。

2 拿起一个填充动物玩具或一张动物图片靠近你的脸（宝宝可以看见你的嘴巴），然后模仿这种动物的叫声。

3 鼓励宝宝模仿这种声音，接着再重复一次。

4 拿起另一个玩具或另一张图片，模仿这种动物的叫声。所有的玩具或图片都这样玩一遍。

5 再一次从头开始模仿动物叫声，这次在模仿之前，你暂停一下，让宝宝先试试看。

也可以这样玩

有些宝宝的视觉学习能力较好，有些宝宝则是听觉学习能力较好。如果你的宝宝比较喜欢听觉式学习，就先发出声音，然后再拿起玩具或图片。

安全提示

声音别太大，以免吓到宝宝。

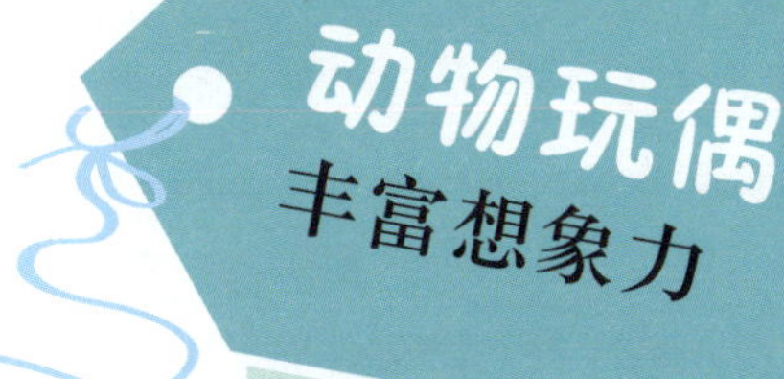

动物玩偶 丰富想象力

益智游戏好处多

小动物玩偶无疑是宝宝最喜欢的玩具了，但有时购买的动物玩偶可能吸引不了宝宝的兴趣，和宝宝一起亲手缝制动物布玩偶，一起玩游戏，不仅能为宝宝的生活制造一些乐趣，还能启发宝宝探索，开阔宝宝的想象力。

- 宝宝注意力较集中时
- 游戏时间：5分钟

材料准备： 两块毛巾或类似的布料、两杯豆子、针和线、不褪色的安全水彩笔

游戏步骤

1 从两块毛巾上分别剪下两块相同的动物轮廓，尽可能简单，如熊、老鼠或青蛙的形状，这些动物都很有趣且制作简单。

2 把两块毛巾布缝在一起，留下头的部分不要缝，做成一个动物形的小口袋。

3 把小口袋的里面往外翻出，把缝合的地方藏在口袋里面，在口袋里倒入豆子，装到 3 / 4 满，将开口缝合。

4 用不褪色水彩笔画出动物的头和其他细节，做成动物玩偶。

5 把动物玩偶拿给宝宝，让他玩几分钟。

6 和宝宝一起玩动物玩偶，你可以先示范各种玩法：往远处扔、抛起来、堆起来（需要多做几个）、放在身上、藏起来、移动它、和它说话、亲吻它、握住它，等等。

也可以这样玩

你可以尝试用大毛巾制作大型动物玩偶。如果可以，做更多的动物玩偶给宝宝玩。宝宝对和妈妈一起亲手制作的玩具会格外喜欢。

安全提示

确定动物玩偶缝得很牢，里面的豆子不会掉出来。最好用较小的豆子填充，这样万一宝宝把漏出来的豆子吞下去也不会噎住。

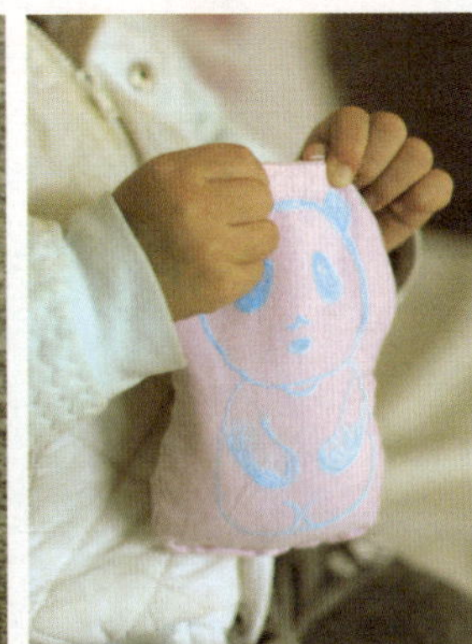

动感乐队
感受节奏

益智游戏好处多

虽然宝宝才半岁左右，但他已经有节奏感了。他喜欢敲打，喜欢弄出声响。准备一些能够发出不同声音的“乐器”，和宝宝一起游戏，可以让宝宝充分享受敲击的乐趣，游戏过程也能培养宝宝的节奏感和协调性。

- 婴儿高脚椅上或地毯上
- 宝宝兴致较高时
- 游戏时间：5分钟

材料准备： 婴儿高脚椅、小木棒，或其他“鼓棒”，铝箔、金属锅、塑料碗、平底锅、报纸等一切可以用来敲打发声的物品

游戏步骤

1. 让宝宝坐在婴儿高脚椅上，安装好托盘。
2. 给宝宝一把小木棒，为宝宝示范如何用小木棒敲托盘。
3. 接下来，给宝宝其他“鼓棒”，让他依次试一试。
4. 再给他不同的敲击物品，如铝箔、金属锅、塑料碗、平底锅、报纸，等等。

也可以这样玩

让宝宝坐在地板上，把所有的敲击乐器都拿出来，随他选择敲哪一个，让他尽情享受敲击的乐趣。把奶粉罐的开口封起来，做成一个鼓，宝宝敲起来一定会很起劲。

安全提示

宝宝在敲击过程中很容易动作失控，幅度过大，小心不要让宝宝用“鼓棒”打到自己或别人。防止宝宝啃咬“鼓棒”。

益智游戏好处多

此时的宝宝已经开始逐渐了解周围的环境，认识了爸爸和妈妈，而且习惯了偶尔有一点惊喜。适时地制造一些小惊喜，可大大提高宝宝参与游戏的兴趣，锻炼宝宝的情绪和肌肉控制能力。

- 地毯上
- 宝宝兴致较高时
- 游戏时间：5分钟

材料准备：柔软的毯子

游戏步骤

1 将毯子铺在地板上，让宝宝趴在毯子上。

2 你跪在宝宝的正前方，面对面为宝宝示范爬的动作。

3 在爬向宝宝的时候，一边对宝宝说："我要来抓你喽！"一边做出抓宝宝的手势。

4 每靠近宝宝一点，就重复一次这句话。记得保持面带微笑，让宝宝知道你是在和他玩游戏。

5 当你到了宝宝身边时，把手放到宝宝的背上，说："抓住了，抓住了！"同时轻轻地挠挠宝宝。

6 和宝宝反复玩几次，如果宝宝不想玩了就停止。

也可以这样玩

换到宝宝的身后来玩这个游戏，增加游戏的新奇感。

安全提示

如果宝宝有点害怕的话，建议父母一起来进行这项游戏，一位扮演抓宝宝的人，一位扮演保护宝宝的人。宝宝肌肤敏感，挠宝宝幅度不要过大，小心宝宝动作失控，撞到地板或其他物品。

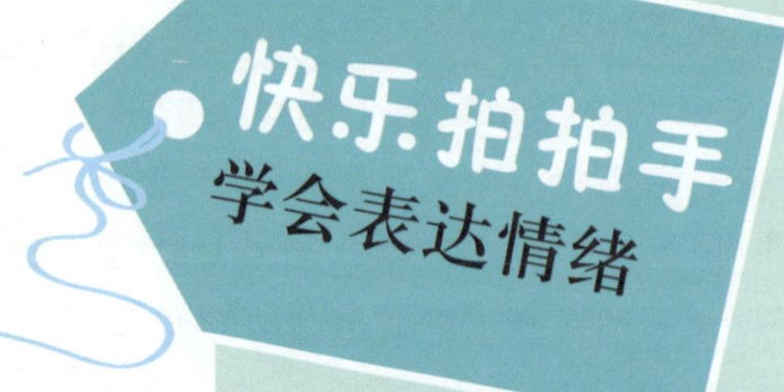

快乐拍拍手 学会表达情绪

益智游戏好处多

随着宝宝的心理发展，他现在应该有更多、更复杂的情绪：快乐、悲伤、愤怒、骄傲、急躁等。这个游戏可以协助宝宝表达正面的情绪，同时认识他的身体，还能训练他的协调性与模仿技巧，增强粗大运动技能和精细运动技能。

- 婴儿椅上
- 宝宝兴致较高时
- 游戏时间：5分钟

材料准备： 婴儿椅

游戏步骤

1 让宝宝坐在婴儿椅上。

2 唱下面这首歌，边唱边配合歌词移动宝宝的身体部位。

如果感到幸福，你就拍拍手。
如果感到幸福，你就拍拍手。
如果感到幸福你就快快拍拍手，
我们大家一起拍拍手。

3 反复唱这首歌，依次把“拍拍手”换成“跺跺脚”、“摇摇头”、“挥挥手”、“弯弯腰”、“拍拍肩”。

也可以这样玩

唱歌时自己运动，试试看，没有你的帮助，宝宝是否会主动模仿你，要经常鼓励宝宝。

安全提示

移动宝宝的肢体时动作要轻柔，以免在游戏中伤到宝宝。若宝宝不想玩了不要勉强。

小冰块，飘啊飘
探索科学的奥秘

益智游戏好处多

这个游戏可以培养宝宝的专注度，并认识水的特性，引发宝宝探索科学奥秘的好奇心。

- 温暖的室内
- 宝宝喜欢玩水时
- 游戏时间：5分钟

材料准备： 冰箱用的冰格、牛奶盒、食用色素、水盆

游戏步骤

1 在冰格中装水，加入不同的食用色素，然后在冰箱里冻成彩色冰块。

2 把彩色冰块倒出，让宝宝自己抓着放进温水盆中，让宝宝体验并说出冰块在手中的感觉：滑滑的、凉凉的。

3 让宝宝试着把冰块拿起来，再按进水里，或看着它们在水中漂浮和慢慢融解。

不要把宝宝独自留在水盆旁，以免宝宝溺水或误食冰块。

一次放进水盆的冰块不要过多，以免水温骤降，并随时注意保证水盆里的水温。

也可以这样玩

拿几个塑料小玩具冻在冰块里，当冰块慢慢融解时，里面的小玩具就会慢慢露出来。或制作每层颜色都不同的分层冰块，和宝宝一起观察冰块融化时慢慢消失的颜色。

巧手捡豆豆
手眼协调

益智游戏好处多

宝宝的小手指头已不再只是小摆设了，现在已经可以从地毯上捡起最小的东西了，给这些可爱的小指头一些工作做，宝宝一定尽职尽责。这个游戏可培养宝宝的手眼协调能力、精细运动技能，对物体的形状也会有一种全新的认识。

- 婴儿高脚椅上
- 宝宝想要自己吃东西时效果最好
- 游戏时间：5分钟

材料准备： 婴儿高脚椅和托盘、半杯晾凉的熟豌豆

游戏步骤

1. 让宝宝坐在婴儿高脚椅上，固定好托盘，确保托盘洁净。
2. 把一些晾凉的熟豌豆倒在托盘上。
3. 让宝宝一颗颗地捡起豌豆，再把豌豆放进嘴巴里。
4. 如果需要的话，可以先示范几次给宝宝看。

也可以这样玩

可以用水果丁代替豌豆，最好是苹果和梨，那样不至于太软太黏，让宝宝无所适从。

安全提示

要一直陪在宝宝身边，以防他想一次把很多豌豆放进嘴里，那样可能会噎住。

会动的豪猪 让认识更直观

益智游戏好处多

会动的动物玩具自然能引起宝宝更大的兴趣，亲手制作一件这样的玩具，和宝宝一起玩，能让宝宝更直观地认识玩具所代表的动物。

- 婴儿高脚椅上
- 宝宝注意力较集中时
- 游戏时间：5分钟

材料准备：手套、人造毛皮、碎布、针和线

游戏步骤

1. 把人造毛皮缝在手套的手背上，做出豪猪身上的“刺”。
2. 把碎布缝缀在手套其他位置，制造各种不同质感。
3. 用小块布缝制眼睛、鼻子、嘴巴和其他部分。
4. 戴上手套，假扮豪猪，唱歌、讲话，并将手在宝宝四周移动，吸引他注意。
5. 让宝宝也戴上豪猪手套玩一玩。

也可以这样玩

除了豪猪之外，只要加上一点想象力，就可以用碎布和水彩做出其他宝宝喜欢的动物。如果你想要做成男孩和女孩、爸爸和妈妈，或是两只动物时，就用两只手套。

确定碎布缝得很牢固，以免碎布松脱导致宝宝误食噎住。

贴纸在哪里
寻找目标

益智游戏好处多

在宝宝学习坐、爬、走的时候，加强宝宝对身体的认知是一件很重要的任务。这个游戏就是一个可以加强宝宝对身体认知的有趣游戏，可以很好地培养宝宝的身体意识和解决问题的能力，进一步感受物体的恒存性。

- 床上或婴儿椅上
- 宝宝注意力较集中时
- 游戏时间：5分钟

材料准备： 地板或婴儿椅、彩色小贴纸

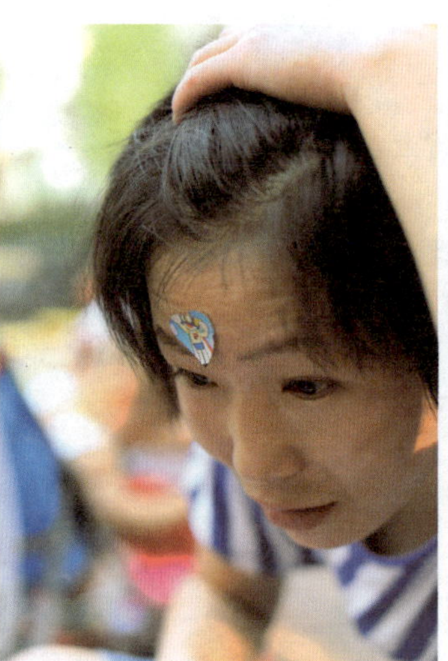

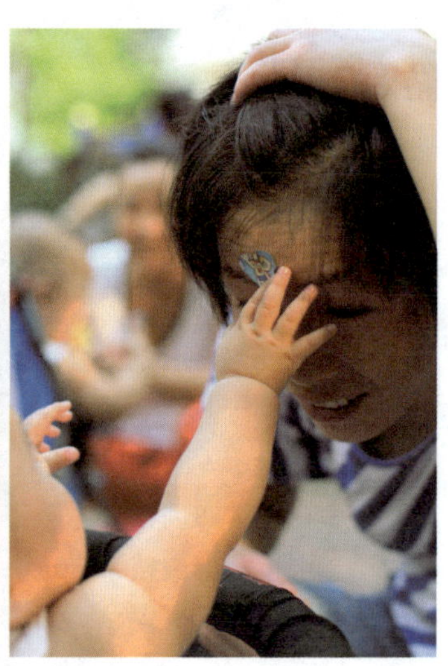

游戏步骤

1 让宝宝靠坐在婴儿椅上；如果他已经学会坐，就让他坐在床上。

2 坐在宝宝对面，并在宝宝面前放一些彩色小贴纸。

3 先给宝宝看其中一张贴纸，然后将它藏在手上，悄悄贴在宝宝身上某处，不要让宝宝知道贴纸跑到哪儿去了。贴纸贴好后，问宝宝：“贴纸在哪里？”

4 开始在宝宝身上寻找贴纸，检查他的手，说：“没——有，不在这儿。”检查他的胳膊，说：“没——有，不在这儿。”继续检查，直到发现贴纸，然后说：“贴纸在这里！”同时让宝宝看看他身上的贴纸。

5 换另一张贴纸，再和宝宝玩。每次把贴纸粘在不同位置。

也可以这样玩

把贴纸粘在你身上，让宝宝在你的协助下寻找。

智力直通车

引导宝宝寻找某个事物，可以培养他对事物的专注力，在寻找的过程中，宝宝会调动所有的能力解决问题，这对宝宝的智力发育非常重要。

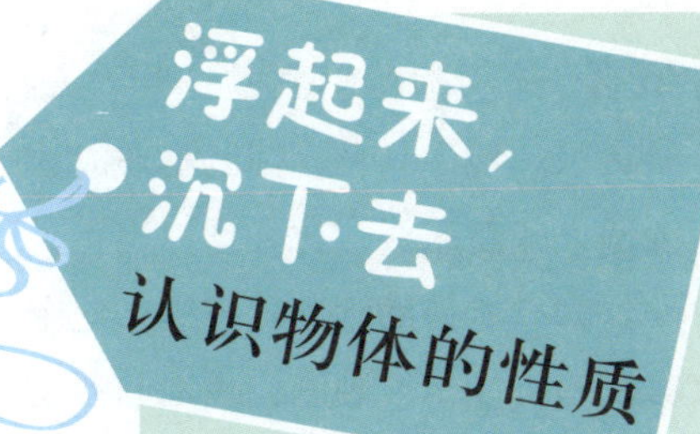

益智游戏好处多

当宝宝开始了解这个世界的自然规律时，你也可以开始教宝宝学会物品分类。这个年纪的宝宝会认为这些差异性与相似性很神奇，不过很快他就会学到，这些全都可以用科学来解释。

- 浴室里
- 宝宝洗澡的时候效果更好
- 游戏时间：5分钟

材料准备： 5种在水中会沉下去的物品，如石头、罐头、勺子、铃铛、钥匙等；5种在水中会浮起来的物品，如小杯子、塑料玩具、铅笔、梳子、海绵等

游戏步骤

1 在婴儿浴盆内放入温水，然后轻轻地把宝宝放进水中。

2 拿一个会漂浮的物品放进浴盆，和宝宝说："浮起来了！"

3 再把一个会沉下去的物品放进浴盆，然后说："沉下去了！"

4 准备多种会浮起或沉下的玩具，提高宝宝的兴趣，鼓励宝宝自己把物品放进浴盆，任由宝宝观察和摆弄这些物品。

也可以这样玩

把所有会漂浮的物品一个一个放进浴盆，然后看着它们浮起来；接着，再放一个会沉下去的东西，观察宝宝的反应。多重复几次，用简单的话告诉宝宝这是怎么一回事。

不要把宝宝独自留在水盆旁，以免宝宝溺水或误食。

物品不要太小，以免宝宝误食。避免尖锐、有棱角的物品，沉底后很容易扎着宝宝。

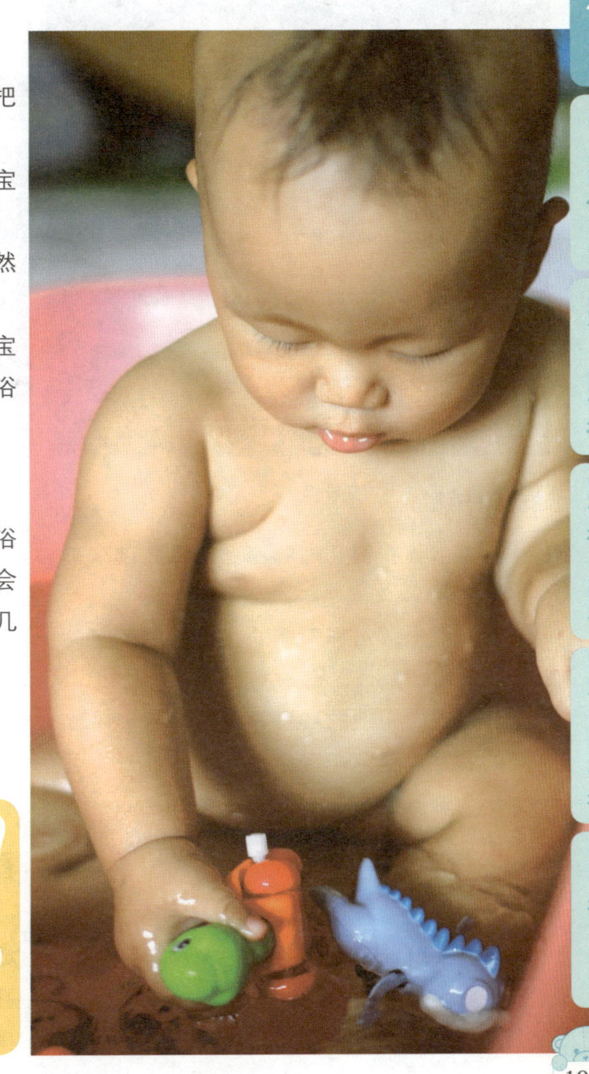

神奇的雪
感受雪的特性

益智游戏好处多

当宝宝开始认识环境中各种不同的材质时，你可以带宝宝尝试一些新东西，比如雪，当然，如果不是在冬天，就只能借助刨冰代替雪。这个游戏能使宝宝对雪的特性——触感、质地与温度有初步的认识，进一步加强宝宝的认知能力。

- 婴儿高脚椅上
- 宝宝兴致较高时
- 游戏时间：5分钟

材料准备： 刨冰或干净的雪、婴儿高脚椅、毛巾

游戏步骤

1 让宝宝坐在婴儿高脚椅上，将托盘牢牢固定住。

2 在托盘上放一杯干净的雪或用凉开水自制的刨冰。

3 任由宝宝用他的双手和嘴巴来探索冰雪的特性，宝宝一定会感到格外惊奇，可以告诉他这是雪（或刨冰），凉凉的。

4 如果宝宝不知道怎么开始，你可以先玩，摸一摸，给宝宝看。

5 当杯中的雪或刨冰融化后，用毛巾把托盘擦干，再给宝宝换一杯新的。

也可以这样玩

在雪或刨冰上滴几滴食用色素，增加视觉上的变化。还可以给宝宝几个玩具，如杯子、汤匙、塑料娃娃、小球等，让这个游戏更好玩。

把一些带颜色的小玩具放在杯子里，待雪化后，玩具露出来，宝宝一定会更加惊奇和开心。

智力直通车

感觉是一项重要的技能，平时要有意识地让宝宝接触不同的物品，通过双手、嘴巴，甚至肌肤去感受物品的特性，能给予宝宝最直接的感受，这是宝宝认识世界的重要方法。

捏一捏
感受不同物品的特性

益智游戏好处多

这个阶段的宝宝肌肉开始变得更有力，当他用小手去探索各种物体的温度、材质和触感时，他的精细运动技能也开始发展。这个游戏可以让他在认识物品特性的同时使精细运动技能得到进一步锻炼。

- 婴儿高脚椅上
- 宝宝兴致较高时
- 游戏时间：5分钟

材料准备：各种可以揉捏、挤压的物件，如彩色橡皮泥、黏土、棉花糖、海绵、软橡胶玩具、弹力球等

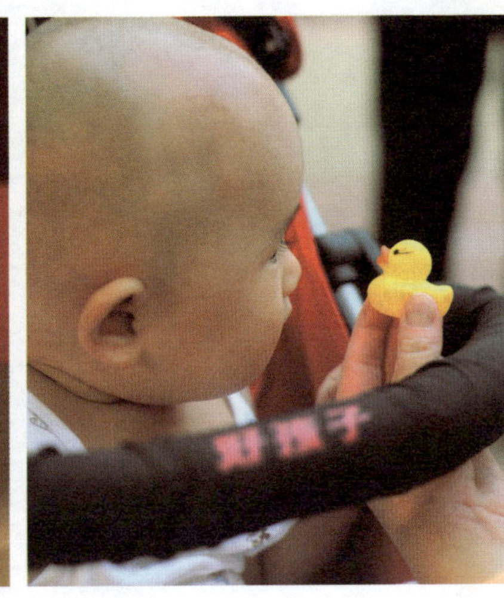

游戏步骤

1 收集各种可以挤压的东西，最好有一些能发出声音。

2 让宝宝坐在婴儿高脚椅上，固定好托盘。

3 拿一个可以挤压的物品放在托盘上，让宝宝去探索它，鼓励他去挤压它，感觉物品的材质、温度、弹力，等等。你可以先拿一个玩，捏一捏，挤一挤，引起宝宝的兴趣。

4 当宝宝玩过一个后，换另一个。

5 让宝宝玩过所有的物品。但不要一次都拿出来，那样会使令宝宝感到无所适从。

也可以这样玩

把物品分别套上薄薄的小袜子，让宝宝看不见里面到底是什么，然后把全部物品都放在托盘上，让宝宝摸一摸、捏一捏，隔着袜子感受和辨别它们的相似和差别。

看好宝宝，不要让他误食小物件。

跷跷板 控制平衡

益智游戏好处多

在最初几个月中，平衡能力是宝宝重要的学习课题之一。刚开始，宝宝即使只平衡自己的脑袋都有点困难，但是很快他就会喜欢上玩平衡游戏。让宝宝在你的腿上玩跷跷板，非常有助于锻炼宝宝的平衡能力。

- 宝宝兴致较高时效果更好
- 游戏时间：5分钟

材料准备： 小毛巾

游戏步骤

1 在你的腿上放一条小毛巾，作为宝宝的椅垫。让宝宝面对你，坐在你的大腿上。

2 抓住宝宝的胳膊，然后把你的双手沿着宝宝的手臂慢慢滑到他的手指，轻轻地帮宝宝保持平衡。

3 当宝宝在你腿上平衡了以后，你可以试着慢慢地移动你的腿。试着放开一只手，然后再放开另一只，但是要随时准备马上抱住宝宝。

4 把宝宝转成背朝你，再玩一次。

也可以这样玩

把你的腿伸直，脚搭在椅子上，然后让宝宝坐在你的小腿上。

要随时准备好，万一宝宝失去平衡，要马上抓住或抱住宝宝。

闻一闻，尝一尝 认识不同的食物

益智游戏好处多

这一阶段的宝宝仍然对食物和玩具最感兴趣，为宝宝提供丰富而不同的有趣物品，特别是食物，让他运用双手和嘴巴去探索和了解，可帮助宝宝更好地认识世界。

- 宝宝兴致较高时效果更好
- 游戏时间：5分钟

材料准备： 各种宝宝喜欢的食物、婴儿高脚椅、旧报纸

游戏步骤

1 准备一些有趣的食物给宝宝摸、尝和闻，如果冻、香蕉、酸奶、花生酱、麦片等。

2 在地板上铺几张旧报纸（以免宝宝把食物弄得满地都是），然后把婴儿高脚椅放在报纸上面。

3 让宝宝坐在婴儿高脚椅上，然后在托盘上放一种食物。告诉宝宝它的名称，并简单介绍这种食物。

4 让宝宝用他的双手和嘴巴去对食物研究几分钟。

5 拿走这种食物，再给宝宝第二种食物。

6 在宝宝研究每一种新食物时，注意他的表情。如果他对某种食物特别感兴趣，可鼓励他再尝一尝。

也可以这样玩

给宝宝食物的量再多一点，让他可以用手指捅、敲一敲、捏一捏，充分享受游戏的乐趣。

安全提示

一定要注意，避免宝宝被食物噎住，果冻要切成小块再给宝宝。

益智游戏好处多

当宝宝会爬以后，他会不知疲倦地玩爬行游戏，为了让爬行更加有趣，你可以设置一些情景，和宝宝一同玩游戏。这个游戏不仅有趣，更能训练宝宝的认知能力、思维能力和对深度的认知能力，并加强宝宝解决问题的能力。

- 地板或游戏毯上
- 宝宝兴致较高时效果更好
- 游戏时间：5分钟

材料准备： 纸箱（略大于宝宝的身体）、毯子

游戏步骤

1 找一个比宝宝身体大一点的箱子，让他可以轻易爬过去。裁掉箱子两个相对的面，做成一条“隧道”。

2 把宝宝放在隧道一端的地板上。

3 你自己在隧道的另一端坐好，呼唤宝宝，试着让他爬进隧道里。如果宝宝不主动钻的话，把你的手从隧道这头伸过去，并轻轻地拉他通过隧道。或者用一个玩具电动车，放在隧道里，向你这一边开动，引导宝宝爬过来。

4 重复几次。

也可以这样玩

让宝宝坐在地板上，拿起箱子举在宝宝上方，从箱顶偷看宝宝，然后把箱子拿掉，说：“妈妈在这里!”

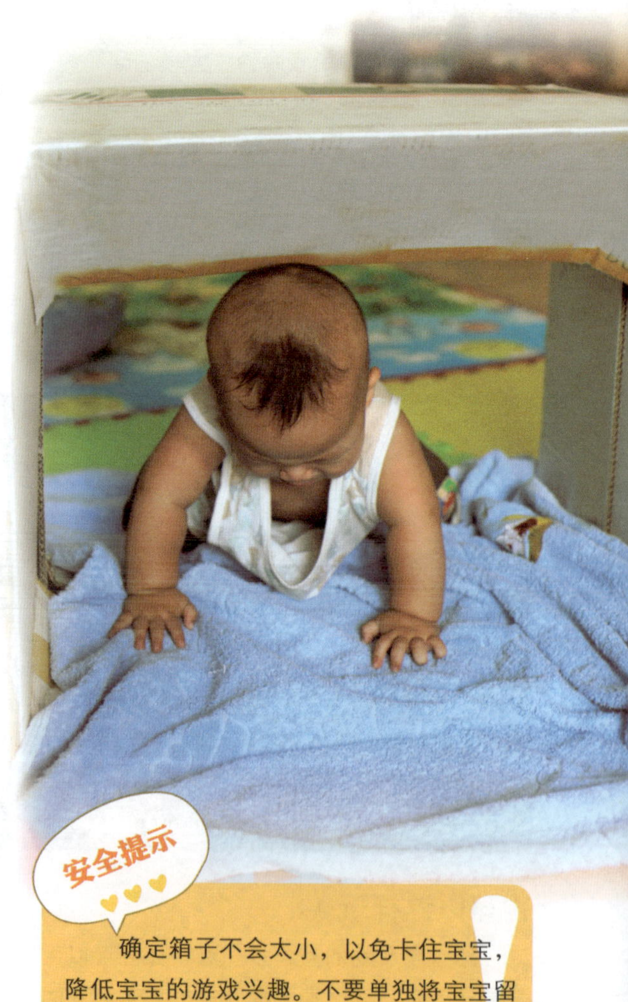

安全提示

确定箱子不会太小，以免卡住宝宝，降低宝宝的游戏兴趣。不要单独将宝宝留在箱子里，以免他受到惊吓。

玩具哪去了
简单推理

益智游戏好处多

宝宝对存在与消失的认识还不是很深刻，大多数宝宝在这个阶段还不能理解遮挡起来的东西还是客观存在的。玩玩这个游戏，通过宝宝的反应和行为，可锻炼他的因果推理能力，进一步认识物体恒存性，并提高解决问题的能力。

- 宝宝兴致较高时效果更好
- 游戏时间：5分钟

材料准备：卷筒卫生纸芯、大小小于纸芯直径的小球、小汽车或其他小玩具、婴儿车

游戏步骤

1 让宝宝坐进婴儿车，你坐在他旁边。把纸芯和一件小玩具（小球、小汽车等）放在旁边上。

2 把纸芯倾斜，低的一端搭在宝宝的膝盖上或婴儿车的托盘上。

3 先给宝宝看小球，再把它从高的那端放进纸芯里，把玩具放进去的时候问宝宝："小球哪儿去了？"

4 当小球掉落在宝宝膝盖上或托盘里时，说："它在这儿！"让宝宝看看小球。

也可以这样玩

让宝宝自己把玩具放进纸芯里，让玩具掉落在你的膝盖上。

智力直通车

"物体恒存"简单地说就是物品离开视线范围之后，依旧存在的概念。这一概念看似容易，但对宝宝而言却是不易理解的。因此，父母应替宝宝预备一个丰富的环境，才能让宝宝的物体恒存概念有确切的发展。

安全提示

一定要注意，避免宝宝将小东西放入口中。

0~3岁宝宝
益智
亲子游戏

四处探险，认识更多的东西

宝宝现在已不再是不能自由移动的婴儿，而是能随心所欲移动，活力四射的小人儿了。他能很快地四处爬，扶着家具站起来，然后会走、会跑。当宝宝的技巧逐渐增强时，你可以提供各种方法，丰富并增强他与周围环境的互动。

学会走的宝宝喜欢玩更具挑战性的游戏，而且乐此不疲。你可以为他提供或创造具有一定难度的游戏情境，和他一起接受挑战。比如让他单独推动手推车，自己拿杯子喝水，打开和关掉电视，打开拿出自己的玩具，把玩具放进抽屉并关上等。不知不觉中你会发现，宝宝有时已不再需要、甚至开始拒绝你的协助了。

彩纸撕撕撕

动手协调性

益智游戏好处多

如果你发现宝宝爱撕纸，千万不要阻止，宝宝能将纸撕成条，说明大拇指和其他手指能协调配合，手的精细动作进一步发展。这个游戏促进宝宝感知运动思维和探索世界能力的进一步发展。

- 随时随地
- 宝宝兴致较高时效果更好
- 游戏时间：5分钟

材料准备：易撕的白纸或彩纸若干张，最好柔软一些，以防划伤宝宝

游戏步骤

1 妈妈拿起一张纸，引宝宝注意，然后慢慢把纸撕成一条一条的。

2 再拿起一张纸，握住宝宝的双手，帮助宝宝将纸撕成一条一条的。

3 让宝宝抓住纸条抬起手臂，作挥舞状，告诉宝宝这是什么颜色的彩带。

4 递给宝宝一张纸，鼓励宝宝自己将纸撕成条状。

也可以这样玩

准备一个小盒子或小筐，当宝宝把纸撕碎后，让宝宝把散落在地上的彩带捡起来，放回小盒子里。宝宝一定会非常乐意去做。

大·小·杯子套起来

初步认识大小、数字

益智游戏好处多

10个月的宝宝用双手拿物品的能力会大大增强，通过这个游戏，不仅能进一步锻炼宝宝手拿物品的能力以及手眼的协调性，促进大脑的发育，还可使宝宝初步认识大小和数字。

- 餐桌旁
- 宝宝兴致较高时效果更好
- 游戏时间：5分钟

材料准备：3个一样大小的塑料水杯或纸杯

游戏步骤

1 让宝宝坐在餐桌旁，把水杯一字排开，放在宝宝面前。

2 从一边拿起一个水杯套在旁边一个水杯上。依次将3个水杯套在一起，演示给宝宝看，然后再将水杯取出来，依次排开。

3 让宝宝拿起一个水杯套在另外的水杯上，依次将水杯摞起来。一边套水杯一边数数，宝宝套水杯的时候，你也要帮他数数，这样会大大增强他成功的信心。

4 当宝宝能自己套水杯后，再准备一组水杯，你和宝宝比赛，看看谁套得又快又准，宝宝会觉得更刺激、更有成就感。

也可以这样玩

去玩具店买一组可依大小顺序叠放的积木或是碗，或是买一组漂亮的俄罗斯套娃，宝宝会惊奇地发现每打开一个娃娃，里面都还有另一个。或者自己找各种大小的盒子来玩。

智力直通车

套叠物品是生活中常见的动作，然而对于宝宝来说，却不是一件简单的事。套叠游戏可锻炼宝宝手部的精细动作，培养宝宝的注意力、观察力和思维能力，促进宝宝手脑并用的能力。

玩具出来
理解空间概念

益智游戏好处多

这个年龄的宝宝对“上、下、里、外”的概念还很模糊，家长应该有意识地给他创造有助于认识这些概念的情景。这个游戏虽然简单，但对于宝宝对空间的认识还是非常有帮助的。

- 宝宝注意力较集中的时候
- 游戏时间：3~5分钟

材料准备：一个大纸袋、宝宝最喜欢的玩具

游戏步骤

1 拿一个大纸袋，在里面放上宝宝最喜欢的玩具。

2 让宝宝找到玩具，并把它拿出来。

3 让宝宝再把它放进去，重复玩几次。

4 玩的时候可以说说下面的儿歌：

怪怪纸袋，
玩具进来。
宝宝来找，
玩具出来。

也可以这样玩

找两个玩具给宝宝看，把其中一个放进纸袋里，另一个放在外面，然后问宝宝某个玩具去哪里了，让宝宝自己找，当宝宝找到的时候，你可以说 “哦，原来他在袋子里面（或外面）！”

智力直通车

空间感的建立有助于宝宝更好地认识世界，也能使他产生安全感。不光是在游戏的时候，任何时候，只要你用心，都能找到机会帮助宝宝建立和深化这种概念。

妈妈，我能找到你
积极探索

益智游戏好处多

这个时候的宝宝已经能够自己扶着东西慢慢走了，但是胆子还比较小。这个游戏可以鼓励宝宝大胆地走，锻炼行走能力。通过对环境的积极探索，宝宝还能扩大自己的世界，逐步树立自信心。

- 家里沙发旁
- 宝宝注意力较集中时
- 游戏时间：5分钟

材料准备：宝宝喜欢的小玩具

游戏步骤

1 将宝宝放在沙发旁边的地毯上，旁边放一个宝宝喜欢的小玩具，让宝宝自己玩。

2 妈妈悄悄离开，躲到沙发后面。

3 妈妈轻声呼唤宝宝的名字，逗引宝宝起身寻找妈妈。

4 妈妈不断更换位置，引导宝宝自己扶着沙发站起来，并且扶着沙发慢慢地走。

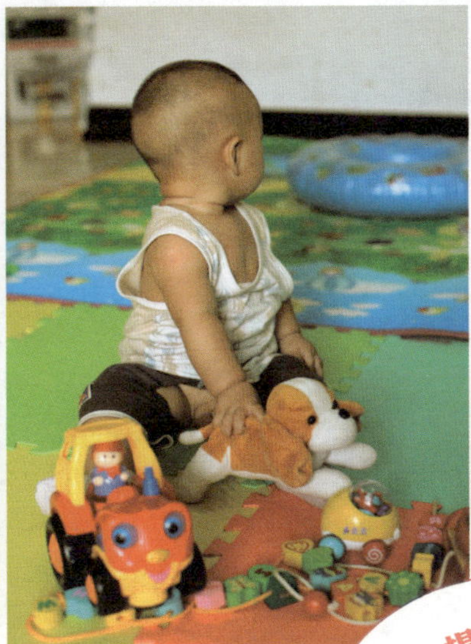

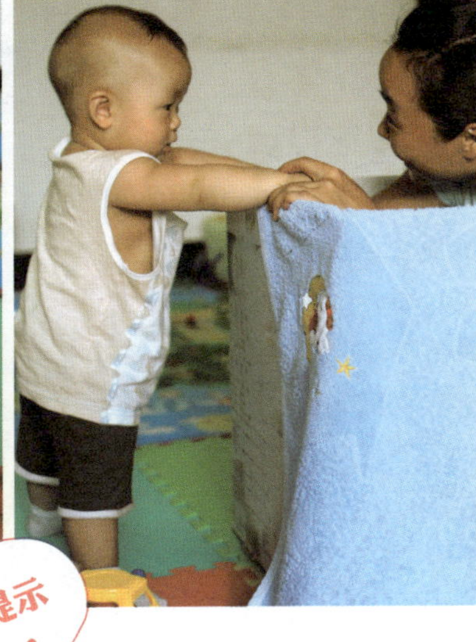

也可以这样玩

爸爸藏起来，叫宝宝的名字，吸引宝宝的注意。妈妈提醒宝宝：“爸爸在叫宝宝呢，去找爸爸吧！”然后让宝宝自己扶着沙发去找。如果找不到，妈妈可以帮帮宝宝，给他提示。

安全提示

宝宝在学走路时喜欢扶着面前放的矮茶几走，因此，上面不要放热茶杯及热水瓶，更不要铺台布，以免宝宝牵拉台布将热茶杯等物拉倒，造成烫伤。地上的玩具要及时收起来，以免绊倒宝宝。

玩具丢丢丢
提高运动和空间智能

益智游戏好处多

宝宝天生是一个积极主动的探索者和模仿者，有趣的事情只要你做一次就会引起他的注意并模仿。这个游戏对宝宝手部运动的准确性要求更高，能为宝宝以后参与更多的活动打下基础，有助于宝宝的运动智能和空间智能的提高。

- 床上
- 宝宝兴致较高时
- 游戏时间：3~5分钟

材料准备：一个稍大点的能装玩具的盒子、各种玩具（大小要能装进盒子里）

游戏步骤

1 妈妈和宝宝趴在盒子正上方的床边。妈妈拿起一个小玩具，垂直丢进盒子里。

2 递给宝宝一个小玩具，让宝宝把玩具垂直丢下去。

3 让宝宝自己拿起玩具，丢进盒子。

也可以这样玩

把玩具放在床上离盒子较远的地方，拿起一个玩具丢进盒子里，引导宝宝模仿，过去拿起玩具再爬过来丢进盒子里。

安全提示

如果家里的床比较高，要随时注意宝宝的安全，防止他从床边缘摔下去。

推推我的小推车
为行走做准备

益智游戏好处多

这个时候的宝宝已经能够自己扶着东西慢慢走了，但是胆子还比较小。这个游戏可以鼓励宝宝大胆地走，锻炼行走能力。通过对环境的积极探索，宝宝还能扩大自己的世界，逐步树立自信心。

- 室外平坦的地方
- 宝宝兴致较高时
- 游戏时间：5分钟

材料准备：婴儿车

游戏步骤

1 在室外，妈妈拉着推着宝宝的婴儿推车，让宝宝抓住推车的另外一端。

2 妈妈慢慢向后退，引导宝宝跟着自己的脚步慢慢向前走。

3 一边退，一边鼓励宝宝："宝宝真能干！走得真好！"

4 稍稍改变后退的方向，慢慢拉着推车做弧线运动，提高宝宝运动的灵活性。

也可以这样玩

放开手，让宝宝自己推着小车走，想到哪里就到哪里，你在一旁保护宝宝不要摔倒，并注意不要让小推车翻倒。

安全提示

注意小推车的安全，不要有可触及的尖角、毛刺、锐边，以免划伤宝宝皮肤；金属焊接的地方，表面应平整，没有裂痕等缺陷；留意小车关节折转处是否有可能夹住宝宝好奇的小手指。

小皮球推来推去

手眼协调

益智游戏好处多

这个游戏需要眼睛与小手的配合，一方面锻炼了手部动作的准确性；另一方面也发展了视觉追踪以及与手部运动的和谐配合能力。通过宝宝和妈妈“来回给东西”，还能锻炼宝宝的协作与社交能力。

- 桌子上
- 宝宝想要玩皮球的时候最好
- 游戏时间：5分钟

材料准备：1个球径为10~12厘米的皮球

游戏步骤

1 妈妈和宝宝各坐在桌子一头，一起玩球。

2 妈妈把球推给宝宝，尽量让宝宝接住。

3 引导宝宝把球推回来。

也可以这样玩

准备一个稍大的皮球，爸爸妈妈和宝宝一起玩游戏。妈妈扶着宝宝，爸爸把球踢给宝宝，让宝宝“接住”，再“踢回”给爸爸。

智力直通车

这个游戏看似简单，实际上锻炼的不只是手眼的协调，更是人际关系的协调，宝宝通过游戏会明白，只有先把球推给别人，才能再次得到球，这对宝宝将来融入社会、与人交往是非常重要的。

玩具搬家啦

肢体配合

益智游戏好处多

这个游戏可以通过弯腰——捡物——站起的动作，帮助宝宝锻炼肢体配合完成动作的能力，进一步发展其独立行走能力。有意识地培养宝宝收拾物品的习惯，可以有效增强其自我服务的意识和能力，塑造其对自己的行为负责任的良好品格。

- 家里地板上
- 宝宝能自行站立或扶着东西站立的时候
- 游戏时间：5分钟

材料准备：毯子或毛巾、婴儿油

游戏步骤

1 把玩具筐放在沙发上，把各种玩具堆放在沙发旁边的地板上，离宝宝稍远一点。

2 让宝宝扶着沙发过去把玩具捡起来，一个一个地搬运到玩具筐里。

3 宝宝每成功搬运一个玩具放到玩具筐里，妈妈就数一次玩具筐里的玩具数，并告诉宝宝。

4 当宝宝全部搬运完毕时，要给予宝宝鼓励，并和宝宝一起将玩具筐里的玩具数一遍。

也可以这样玩

妈妈坐在沙发的另一头，让宝宝把玩具筐里面的玩具给妈妈送过来，每送一个都要数一下，并夸赞一次宝宝，直到宝宝把所有玩具都送到妈妈手中。

安全提示

刚刚会扶床行走的宝宝行走的时候一般都会比较小心，但也要注意旁边不要有带棱角的物品，以防宝宝跌倒碰伤。

小球球，跳啊跳
手指精细动作

益智游戏好处多

这个时期的宝宝对什么事都很好奇，喜欢自己动手了。但是小手还缺乏准确性，捏光滑的球，可提高宝宝手指捏的精确度、力度及手眼协调运动的能力。这个游戏可以让宝宝的小手指更加灵活，动作更加精确。

- 明亮的室内
- 宝宝注意力集中时
- 游戏时间：5分钟

材料准备：一盒玻璃球跳棋

游戏步骤

1 先让宝宝先练习用3个手指捏住球，如果宝宝还不会，可以帮他掌握技巧。

2 妈妈拿起一个小球放到棋盘上，引导宝宝把小球一个一个摆放在棋盘上。不要忘了给宝宝肯定和鼓励。

3 告诉宝宝玻璃球会跳，在棋盘上练习用两个手指捏住玻璃球移动位置。同样给与宝宝鼓励。

也可以这样玩

在摆放的时候可以同时指导宝宝认识颜色，告诉宝宝玻璃球分别是什么颜色，让宝宝按照颜色来摆放。也可以由妈妈说出一种颜色，让宝宝找出相应颜色的玻璃球。这一步可能宝宝还很难做到，不要强求。

安全提示

妈妈要陪同宝宝玩，以免他将小球塞进口、鼻而发生危险，离开时要将小球收拾好，放在宝宝拿不到的地方。

爸爸妈妈跳出来

表达情绪

益智游戏好处多

宝宝总是对突然发生的事特别感兴趣，惊奇也总是充满了宝宝的世界。准备一个超级大箱子，就可以给宝宝一个超级大惊喜。这个游戏能充分调动宝宝的活动参与性，并带给他很大的惊喜，锻炼他的情绪表达，对物体恒存性的认识也会进一步加深。

- 家里
- 宝宝兴致较高时效果更好
- 游戏时间：5分钟

材料准备：1个大箱子

游戏步骤

1. 找一个足以把人装进去的大箱子，把箱子放在客厅里，然后爸爸躲进去。
2. 妈妈把宝宝带进客厅，问：“爸爸在哪里？”然后念下面的儿歌：

   爸爸爸爸在箱子里，
   请你出来陪我玩，
   爸爸爸爸在箱子里，
   请你出来一起玩。

3. 念到最后一句的时候，爸爸就从箱子里跳出来。
4. 爸爸妈妈对调角色，重复游戏。可以把箱子放到不同的位置。

也可以这样玩

如果你只能找到小箱子，就在小箱子底部挖一个洞，然后把你的手从洞里伸进箱子里，手里拿一个小玩具，接着盖上箱子的盖子。游戏时一边念儿歌，最后让玩偶从箱子里顶出来。儿歌中的爸爸妈妈要换成玩具的名字。

如果宝宝想要待在箱子里，可由妈妈陪着，爸爸来找。

安全提示

爸爸妈妈跳出来的时候不要过于突然，以免吓到宝宝。

滑滑梯
平衡游戏

益智游戏好处多

宝宝很快就会走路了。当宝宝在练习控制肌肉、掌握平衡，学着协调动作时，他喜欢用他的身体玩游戏。做一个滑梯来挑战宝宝的新技巧吧!

- 家里
- 宝宝兴致较高时效果更好
- 游戏时间：5分钟

材料准备：大纸箱、剪刀或其他裁切的工具、长沙发、靠垫和铺地毯的地板、胶带

游戏步骤

1 将一只大纸箱裁开，把纸板拼成长条，加厚纸板，用胶带把纸板固定好，做成一个滑梯。

2 把纸板滑梯的一端靠在长沙发上，使用胶带固定住。把长沙发的靠垫垫在滑梯下面，使滑梯更牢固，并有弹性。在滑梯底部再放一个靠垫，以便宝宝安全着陆。

3 抱住宝宝，放在滑梯顶端，让他缓缓地滑下去，你的手要一直抓住宝宝。

4 抱着宝宝多滑几遍，直到宝宝希望自己试试，不要你的协助。

也可以这样玩

用干净的塑料板制作滑梯，让滑梯更加坚固耐用。

安全提示

宝宝滑滑梯时一定要穿着衣服，小心宝宝皮肤擦伤。

咿咿呀呀就是我

语言训练

益智游戏好处多

这个月的宝宝虽然现在只是些咿咿呀呀的声音，但每一句表达的内容可都不一样哟！在宝宝说话流畅之前，留住宝宝咿咿呀呀的童声，保存在录音带上，几年以后再拿出来听，一定是件非常有趣的事。引导宝宝发音，对宝宝的语言也是一种很好的开发。

- 家里，安静的时候
- 宝宝注意力集中时效果更好
- 游戏时间：5分钟

材料准备：录音设备、婴儿车

游戏步骤

1 在录音机里放好空白录音带。让宝宝坐在婴儿车里，你坐在他旁边。

2 打开录音设备，对宝宝说话，或用嘴巴发出各种声音，吸引宝宝开口说话。

3 停顿一下，让宝宝有机会回应你。

4 等你和宝宝都制造出一些有趣的声音后，放给宝宝听。注意宝宝听到他自己声音时的表情。可以告诉宝宝这是他在说话。

也可以这样玩

放一首简单的歌曲，跟着唱，鼓励宝宝一起唱，并录下你们的合唱。在这场演唱会结束之后，倒带，和宝宝一起听你们刚刚合作的音乐作品。保存好这段声音，等宝宝长大之后再拿出来听。

叮当叮当
听力开发

益智游戏好处多

这个阶段的宝宝最喜欢捉迷藏的游戏了，如果对简单的捉迷藏已经玩腻了，那么可以适时增加点新花样。这个游戏可以说是有声版的捉迷藏，能够很好地训练宝宝的听力和因果推理能力。

- 明亮的室内
- 宝宝注意力集中时
- 游戏时间：5分钟

材料准备：铃铛串成的手环或是把铃铛系在普通的手环上（大铃铛比较安全，而且比较容易握住）；各种可以藏东西的物品，如枕头、毯子和柔软的大玩具

游戏步骤

1 让宝宝在地板上坐好，周围放一些可以藏东西的物品，如枕头、毯子和柔软的大玩具。

2 拿起铃铛给宝宝看，接着摇动铃铛给他听。偷偷地把铃铛藏在毯子下面，然后问宝宝："铃铛在哪里？"

3 把枕头、大玩具等一个个拿起来摇一摇。当拿起藏有铃铛的毯子摇时，不要让宝宝看见铃铛。

4 在铃铛发出声响的时候，注意观察宝宝的表情。拿出铃铛，说："铃铛在这里！"

5 变换藏匿的地点，重复游戏，宝宝会很快准确地判断出铃铛的位置。

也可以这样玩

把装有铃铛的物品藏在房间各处，陪宝宝趴下来探险。当你们爬到附近时，摇响藏着铃铛的那样东西，直到宝宝找到铃铛为止。

安全提示

确定铃铛牢牢地固定在某样物品上面，不会脱落而被宝宝误食。

推倒积木
尝试自己解决问题

益智游戏好处多

当宝宝学会把积木堆高之后，他也会开始喜欢把它推倒的感觉。赶快和宝宝玩这个游戏吧!这个游戏不仅能训练宝宝解决问题的能力，还能培养他的精细运动技能。

- 家里，安静的时候
- 宝宝注意力集中时
- 游戏时间：5分钟

材料准备：大点的积木

游戏步骤

1 买些大点的积木，或搜集一些表面平滑的小盒子如牛奶盒等，洗净晾干，作为正方形或长方形的积木。

2 让宝宝坐在地板上，把积木放在他身边。

3 和宝宝一起将积木堆高，或者示范给宝宝看，让他自己堆高。

4 当积木已经够高的时候，你用手指把它推到，然后再堆起来，让宝宝把它推倒。

5 反复进行，直到宝宝不想玩为止。

也可以这样玩

可以用其他东西来代替积木，如玩具、书、盒子及薄脆饼干——任何可以堆的东西都能玩这个游戏。

安全提示

如果不是用积木，而是用其他物品的话，要确定那些物品不会太重，以免它们倒下来的时候伤到宝宝。

宝宝宝宝出来啦

探索中解决问题

益智游戏好处多

在宝宝开始会爬的同时，他也开始会往上攀了。在他刚发现双腿可以自由移动的时候，可以给他制造一些小小的障碍来锻炼他的解决问题的能力。

- 家里地板上
- 宝宝运动热情高的时候
- 游戏时间：5分钟

材料准备：游泳圈

游戏步骤

1 把游泳圈放在地板的中央。

2 把宝宝放进游泳圈中间。

3 让宝宝研究游泳圈，并且思考该怎么出来。

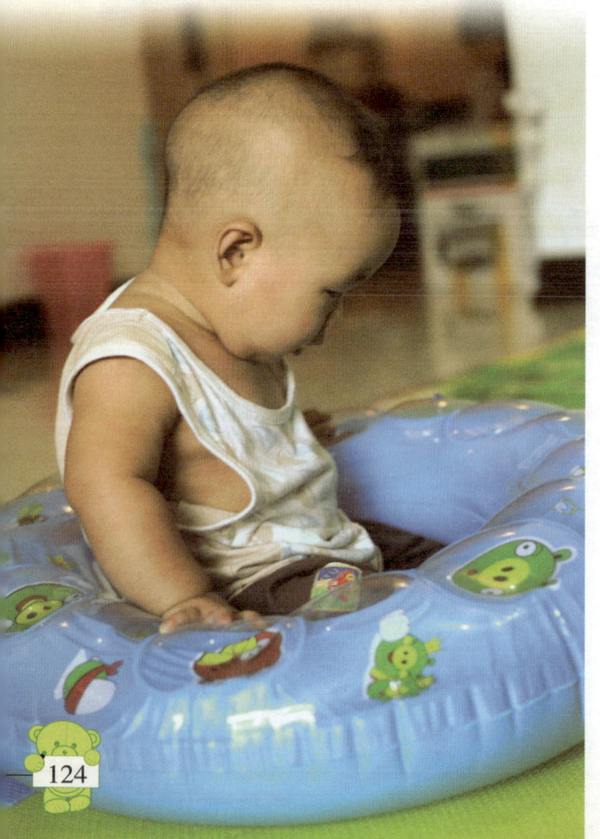

4 当宝宝爬出来的时候，不要忘了为他鼓掌并夸赞他。

也可以这样玩

多提供几个游泳圈给宝宝去摸索、研究。当宝宝能很顺利地爬出来的时候，再拿一个游泳圈叠放到这个游泳圈上面，可以增加宝宝爬出来的难度。

安全提示

如果游泳圈上有凸出的气嘴，用胶带把它裹起来，以免划伤宝宝。如果宝宝待在游泳圈里不知所措，可以教他如何爬出来，等他对这个游戏充满热情时，再重新玩游戏。

造形海绵

认识色彩与形状

益智游戏好处多

不论在哪个阶段，玩水都是很受欢迎的游戏。你可以用造形海绵来增强这个游戏的趣味性。在游戏中提高宝宝对色彩与形状的认知能力。

- 浴缸里
- 宝宝想要玩水的时候最好
- 游戏时间：5分钟

材料准备： 彩色海绵、剪刀、放满水的浴缸

游戏步骤

1 把海绵剪成各种形状，如圆形、正方形、长方形、三角形等。

2 在浴缸里面放满温水，让宝宝坐进去。将海绵放进水里，让宝宝去摆弄研究它们。

3 在宝宝玩过海绵后，拿一块海绵压在浴缸壁上，把里面的水挤出来，海绵就会粘在浴缸壁上。

4 多拿几块海绵粘上去，让宝宝把它们拿下来，并尝试自己把海绵粘上去。

5 一边玩游戏，一边和宝宝一起讨论海绵的形状。

也可以这样玩

把海绵剪成小动物或是字母的形状，更能激发宝宝探索的兴趣。

千万不要把宝宝单独留在浴缸里，同时水温要一直保持在让宝宝很舒服的温度。防止宝宝撕咬海绵，避免海绵碎屑掉进浴缸里。

乱跑的小熊
因果推理训练

益智游戏好处多

现在的宝宝已经变得更好动了，任何他感到新奇的事物都想去探索一下。这个游戏能同时运动他的全身，并锻炼他的因果推理能力、移动能力和协调性。这一阶段，宝宝运动能力增强了，对光这一神奇现象也已经有了初步认识，参与的热情也更高了。

- 黑暗的房间
- 宝宝注意力集中的时候
- 游戏时间：5分钟

材料准备：纸板、剪刀、手电筒、胶带

游戏步骤

1 从纸板上剪下一只小熊的形状，大小不能超过手电筒镜面直径。用胶带把这个图案粘在手电筒上。

2 和宝宝舒服地待在一间房间里，关掉所有的灯。打开手电筒，把光柱投射在宝宝旁边的墙壁上。

3 慢慢沿着墙壁移动光柱，吸引宝宝的注意力。鼓励宝宝去追墙上跑来跑去的“小熊”。

4 在宝宝靠近“小熊”，企图捉住它的时候，慢慢地移开光柱。

也可以这样玩

偶尔让宝宝捉住“小熊”，会使他非常开心。关掉手电筒1秒钟，然后把光柱照在别的地方，好像又跑来一只小熊。还可以让宝宝自己操作手电筒。

智力直通车

“小熊”出现又消失，会让宝宝思考原因，当他发现是手电筒造成的时候，会自然建立一种因果联系，这种能力的建立在宝宝认识世界过程中是一种飞跃，有了这种经验，宝宝就会把它运用到对各种现象的理解中，对世界的认识能力就提高了。

手指、头发和鼻子
认识自己的身体

益智游戏好处多

这个阶段的宝宝认识事物的能力已经大大加强了，但还都是模糊的，你可以在游戏中帮他进一步明确。这个游戏可以帮助宝宝更熟悉身体的各个部位，对粗大运动技能和精细运动技能都有一定的提高，同时给宝宝念儿歌的过程也是宝宝语言学习的过程。

- 地板上或婴儿椅上
- 宝宝注意力集中的时候
- 游戏时间：5分钟

材料准备：婴儿椅

游戏步骤

1 让宝宝坐在地板或婴儿椅上，你坐在他对面。

2 念下面这首儿歌，同时把宝宝的手指移动到正确的身体部位。

伸出你的手指，你的手指，伸出你的手指，你的手指。

伸出你的手指，放在头发上，把你的手指，放在头发上。

伸出你的手指，放在鼻子上，把你的手指，放在鼻子上。

3 可以把而各种的身体部位换成胳膊、腿、脸颊、下巴、嘴巴、屁股、脖子、后背等重复进行。

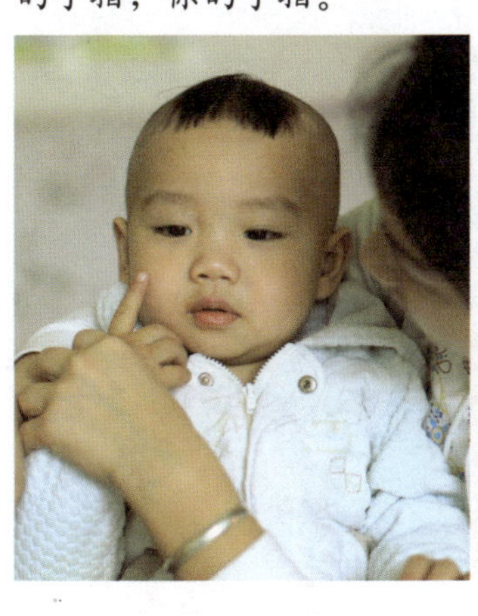

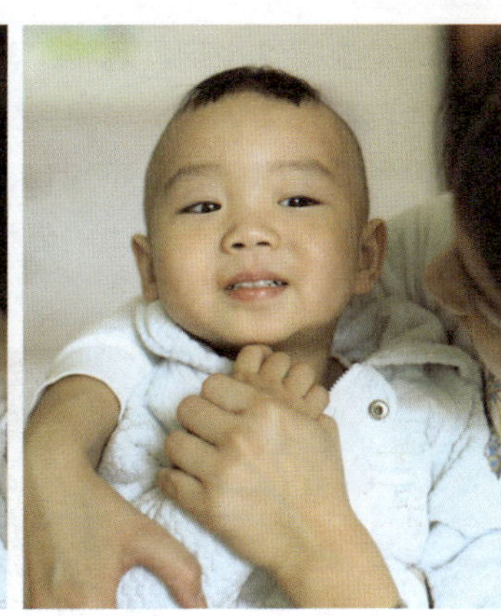

也可以这样玩

当宝宝对这些部位熟悉之后，你来说儿歌，让宝宝自己找他的身体部位，如果宝宝还不能迅速找到，你可以指一指你的身体部位，提示宝宝。

玩的时候不要用力，不要让宝宝以为是挠痒痒游戏，那样会很难让宝宝注意力集中。

推拉小车
练习行走

益智游戏好处多

12个月的宝宝已经开始蹒跚学步了，为他创造让他乐于行走的情景，会让他的行走激情充分爆发。这个推拉玩具的游戏能让他一边玩新玩具一边练习走路，同时也能培养他独立的探索能力。

- 地板上
- 宝宝想要行走的时候
- 游戏时间：10分钟

材料准备：购物推车或婴儿车等可以推的工具、玩具小车或带绳子的拖拉玩具

游戏步骤

1 找一些可以推拉的玩具，可以买现成的玩具，也可以发挥巧思自制。

2 为宝宝清出一大块地板，最好是没有地毯的地板，比较适合进行推拉游戏。

3 先给宝宝一件能推的玩具，帮他握住把手，并且指导他，直到他准备好要自己出发为止。

4 等宝宝把这个玩具玩了一阵子之后，教他玩能拉的玩具。如果宝宝还在蹒跚学步，只能扶着家具走，不能自己走，你要教他把手放在玩具的把手上，告诉他如何在你或家具的支撑下移动。

也可以这样玩

假如宝宝还不会扶着家具走路，那么就和宝宝一起抓住玩具的把手，带他一起移动。做拉的动作练习时，可以在宝宝的腰上松松地绑上一条细绳，另一端绑在填充动物玩具上，让他边爬边拖着玩具四处走。

安全提示

小心宝宝跌倒，但也别保护太过分，否则他无法充分地认识自己的体能，尝试新的事物。

跨越障碍

自己想办法解决问题

益智游戏好处多

这个阶段的宝宝开始会自己移动了。他先会爬，然后会站，接着会走。这个游戏设置了一条障碍路线，可以帮助宝宝培养解决问题的能力，并提高运动能力和协调性。

- 地板上
- 宝宝运动兴致高的时候
- 游戏时间：10分钟

材料准备：小型障碍物，如枕头、毯子、玩具娃娃、填充动物玩具、积木、盒子等

游戏步骤

1 在走廊或小房间内设置一条路线，放上柔软、圆滑和容易移动的小型物件来当作障碍物。如摆放一排枕头让宝宝攀爬而过，在地板上松松地摊开一条毯子，让宝宝在上面爬行，把玩具娃娃和填充动物玩具堆起来，让宝宝攀爬过去；用积木设置一些路障，挑战宝宝的爬行能力。在路线中央放置一把椅子或一张小桌子。

2 把宝宝带到路线的尽头，你站在另一端，要确定宝宝看得见你。

3 叫宝宝从障碍路线的一端爬或走过来。

4 宝宝行进过程中多给他鼓励，假如宝宝在翻越某种障碍物时有困难，你可以用语言或行动给他提示。如果宝宝动弹不了，必要时要移开障碍物。

5 当宝宝抵达终点的时候，为他喝彩叫好。

也可以这样玩

重新安排障碍物，然后再玩一次。一开始的时候，障碍物要少而且简单，然后逐渐增加难度，其中应该包括需要宝宝爬过去、挤过去、跳进去、绕过去等的障碍物。

安全提示

不要使用任何有锐角或表面坚硬的物品，特别是宝宝有可能碰触到这个东西的时候。一张桌子或椅子应该没问题，只要宝宝能从下面爬过去，不需要爬到上面去就行。

我来脱衣服
学习生活的技能

益智游戏好处多

宝宝很快就可以自己做事了，并且乐于做自己的事。这个游戏可以帮助宝宝学习这些自助技巧，并使他的精细运动技能得到进一步提升。

- 婴儿椅上
- 宝宝注意力较集中时
- 游戏时间：10分钟

材料准备：各种解开方式不同的衣服，如有纽扣、拉链、按扣、魔术贴、系绳的等

游戏步骤

1 搜集解开方式不同的各种衣物。

2 把这些衣服一一穿上。

3 让宝宝坐在婴儿椅上，你面对宝宝坐下。

4 准备将衣服一件一件脱下。让宝宝和你一起拉拉链或解扣子，在完成每一件工作时，别忘了做出惊喜的表情。

5 继续和宝宝进行游戏，直到这些衣服一一脱去为止。

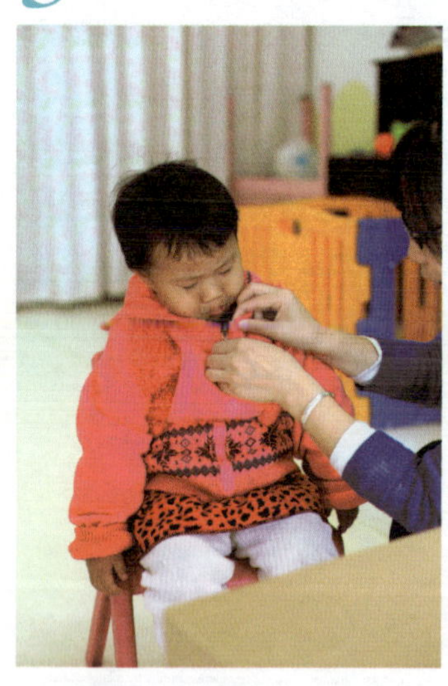

也可以这样玩

在宝宝身上穿上几件有拉链或扣子的衣服，然后一件一件地脱掉。或是穿在大玩偶的身上，然后你们两个人一起来脱掉这些衣服。

安全提示

随时帮帮宝宝，让他不会有挫折感。有时宝宝会不喜欢你帮他，这时你只要欣赏他的表演即可。

各归各位
区分物品的种类

益智游戏好处多

这个阶段的宝宝对对于物品的分类已经有了模糊的认识，可以通过一些游戏帮他进一步深化这种认识。物品归位游戏简单易做，而且一系列的手部精细动作，眼、手、脑的配合协调，还能极大地促进宝宝的智力发展。

- 宝宝兴致较高时
- 游戏时间：5分钟

材料准备：3个不同的玩具、3个不同的水果、2个空盒子

游戏步骤

1 把玩具和水果都放在宝宝能看到的地方。

2 妈妈指着一个盒子，对宝宝说："把水果放进这个盒子里。"指导宝宝把水果放进去。

3 指着另一个盒子，对宝宝说："把玩具放进这个盒子里。"指导宝宝把玩具放进去。

4 等宝宝完成工作后，将两个盒子摆在一起，告诉宝宝，一个盒子里装的是水果，另一个装的是玩具。

也可以这样玩

把玩具和水果放进同一个盒子里，然后让宝宝把水果拿出来装到另一盒盒子里，宝宝一边装，妈妈一边数数。最后告诉宝宝一共有几个水果。

0~3岁宝宝
益智
亲子游戏

继续锻炼感知，为学习打基础

1岁以后的宝宝坐、站、走这些动作都变得更加自然，自我意识表现也变得多姿多彩，语言和情绪表达更为明确。这个时期，宝宝会模仿人的动作，这意味着他理解并掌握事物特征和记忆行动的能力都在发展。

丰富的语言环境有助于宝宝语言能力的迅速发展，语言的学习要渗透生活的每一个细节，如去动物园、逛街购物，或是帮他换衣服的时候，让宝宝自然而然地学习，而不要用那种教学用的识字卡片。如果宝宝发音不准确，那就随他去吧。你可以正确发音让他学习，但不要在宝宝学说话的过程中给予太多批评和干扰。

大小圆片对一对

手眼协调

益智游戏好处多

宝宝手拿大小不同的纸片放入相应的圆孔，标志着其手和眼睛配合完成动作能力发展到一个新水平，同时也能培养宝宝稳定而集中的注意力。

- 游戏毯上或床上
- 宝宝注意力相对集中时
- 游戏时间：3~5分钟

材料准备：硬纸盒、裁纸刀

游戏步骤

1 在纸盒上挖4个大小不同的圆形小洞，再用硬纸板剪出一些相应大小的圆片，并涂上颜色。

2 妈妈拿出小圆片，给宝宝演示，分别比较圆片和纸盒上圆孔的大小，然后按照不同的大小将圆片一一放入纸盒中。

3 递给宝宝一个圆片，鼓励宝宝找到和它相对应的圆孔，并将圆片从合适的圆孔中投入纸盒。

4 把全部圆片递给宝宝，帮助宝宝将圆片一一投入纸盒中。

也可以这样玩

准备一些大小不同的球，让宝宝找到对应大小的圆孔放进去。

安全提示

用裁纸刀做准备工作时，最好避开宝宝，不要让宝宝拿裁纸刀玩耍。圆片或圆球不宜过小，以免宝宝放入口中发生危险。

爸爸走，我也走

步调一致

益智游戏好处多

宝宝行走能力的发展和其他动作发展一样，经历着既有连续性，又有阶段性的发展过程。这个游戏能进一步锻炼宝宝双手、双腿动作的协调性、随意性和灵活性。

- 空间宽阔的室内
- 地板或地毯上
- 游戏时间：3~5分钟

材料准备：无需任何材料

游戏步骤

1. 宝宝和爸爸一起脱去鞋子，站在地板或地毯上。
2. 爸爸双脚稍分开站立，宝宝面对爸爸，双脚踩在爸爸的脚背上，双手抱着爸爸的腿。
3. 爸爸往前走，宝宝随之向后退，爸爸向后退，宝宝随之向前。
4. 爸爸双脚稍分开站立，宝宝面对爸爸，双脚踩在爸爸的脚背上，双手拉着爸爸的双手，身体往后仰。
5. 宝宝随着爸爸走，爸爸转圈，宝宝跟着转圈。

也可以这样玩

宝宝背朝爸爸，双脚踩在爸爸的脚面上，随着爸爸向不同方向移动身体。

爸爸移动脚步的幅度要小，以免宝宝跟不上而跌倒。游戏过程中注意周围的物品，避免宝宝不小心撞到。

手抓玻璃球
提高抓握力和意志力

益智游戏好处多

1岁左右的宝宝手指的抓握能力还很差，这个游戏可以帮助宝宝提高抓握力和动作的准确性，达到刺激大脑的目的。行动过程中的坚持性，是宝宝意志发展的主要指标，意志力的锻炼可以防止任性等不良品质的产生。

- 家里
- 宝宝对玩具感兴趣时
- 游戏时间：3~5分钟

材料准备：一些五颜六色的玻璃球或鹅卵石、两个塑料小碗

游戏步骤

1 妈妈先给宝宝做示范，把小玻璃球一个一个地从一个碗里抓到另外一个碗里。

2 宝宝用小手抓玻璃球，从一个碗里抓到另一个碗里，中途掉了也不要责怪宝宝，宝宝成功时一定要夸奖："宝宝真能干。"

3 开始时把两只碗放得近一些，逐渐加大两只碗的距离，增加游戏的难度。

4 鼓励宝宝左右手轮换抓。

也可以这样玩

准备一份同样的物品，让爸爸和宝宝比赛，看看谁抓得快，抓得稳。让宝宝在练习的过程中有个榜样，会更有趣。

安全提示

一定要告诉宝宝："玻璃球（鹅卵石）是玩具，不能往嘴里放。"

游戏过程中要时刻注意宝宝的举动，千万不能让宝宝独自玩这个游戏，以免发生危险。

我来放饼干

促进动作思维发展

益智游戏好处多

这个游戏可以发展宝宝动作的连贯性和协调转换的能力，增强动作的随意性。还能培养宝宝的注意力、观察力、记忆力，能使宝宝的好奇心和主动性得到激发，有助于他发现物与物之间的关系，促进动作思维的发展。

- 明亮的室内
- 宝宝注意力较集中时
- 游戏时间：4分钟

材料准备：几块饼干、一个长方形的饼干盒或食品盒

游戏步骤

1 妈妈把几块饼干放在一个长方形的饼干盒或者食品盒里。

2 用食指和拇指拿起一块饼干，放进另一个盒子里。

3 引导宝宝用相同的方法，将饼干一块一块地放到另一个食品盒里。

4 宝宝每拿起一块饼干时，妈妈都在一旁数数，让宝宝感受物品和数量之间的逻辑关系。

也可以这样玩

准备一些不同形状、不同大小的饼干，让宝宝感知不同物体的不同形状。

用来玩的饼干会粘有细菌，不要让宝宝吃掉。也不要用饼干作为诱惑，引导宝宝做搬运。

飞机起飞啦 建立空间感

益智游戏好处多

1岁左右的宝宝，需要更多的身体感觉经验，多和宝宝进行简单易行的游戏，可以丰富宝宝的身体感觉经验。这个游戏还能带给宝宝对空间改变带来的变化的适应，有助于建立空间感。

- 宽阔的室内
- 宝宝对游戏感兴趣时
- 游戏时间：5分钟

材料准备：无需任何材料

游戏步骤

1 爸爸蹲下，妈妈帮助宝宝骑到爸爸肩上。妈妈在旁边保护宝宝。

2 爸爸抓住宝宝的双脚说："飞机就要起飞了！请小朋友坐好。这位小朋友要去哪儿啊？"妈妈可以代替宝宝说一个地名。

3 爸爸慢慢站起，在地上转一两圈后说："飞机快要降落了，请小朋友准备下飞机啦。"

也可以这样玩

做游戏时可以说出一个亲属所在的地名，加入一些对话，增加宝宝对语言、声音的刺激和感受，提高宝宝的语言发展能力。

安全提示

宝宝过于兴奋会很难坐稳，妈妈一定要注意保护，爸爸转圈的动作也不宜过快。

甜的还是酸的

提升感觉智能

益智游戏好处多

这个游戏让宝宝品尝、分辨不同的食物味道，能丰富宝宝的味觉经验，提升宝宝的感觉智能。感觉统合正常的宝宝不会形成紧张、孤僻、不合群、爱惹人、偏食或暴饮暴食、脾气暴躁、害怕陌生环境、过分依赖爸爸妈妈等不良品质。

- 明亮的室内餐桌旁
- 宝宝对食物感兴趣时
- 游戏时间：5分钟

材料准备：西瓜汁、酱油、柠檬汁各少许（也可以是醋、盐、糖等）、3个透明的玻璃杯、3根筷子

游戏步骤

1 将果汁分别倒入玻璃杯中，让宝宝观察3个杯子里出现的不同颜色。

2 妈妈用筷子蘸少许西瓜汁让宝宝尝尝，告诉宝宝："这是西瓜汁，是甜的。"

3 再蘸一点酱油让宝宝尝尝，告诉宝宝："这是酱油，是咸的。"

4 蘸少许柠檬汁让宝宝尝尝，告诉宝宝："这是柠檬汁，是酸的。"

也可以这样玩

准备一些铁质、塑料等不同材质的物品，让宝宝用手摸一摸，感觉不同的触感，丰富宝宝的触觉。

公鸡喔喔叫

锻炼听和说

益智游戏好处多

宝宝这时只能发一些音，说一些简单的词语，但这个时期是宝宝理解语言和对语言产生兴趣的关键时期，丰富的游戏内容可以锻炼宝宝听和说的能力，开发语言智能。

- 室内或户外
- 游戏时间：5分钟

材料准备：动物的图片或玩具

游戏步骤

1 妈妈拿出宝宝的大公鸡图片或者公鸡毛绒玩具，告诉宝宝："这是大公鸡，它有红红的鸡冠，美丽的羽毛，多漂亮啊。它怎么叫呢？"

2 引导宝宝学公鸡叫："喔喔喔。"

3 还可以拿一些其他动物的图片或玩具来学动物的叫声。

也可以这样玩

这是一个模仿自然界和动物声音的歌谣，让宝宝在不同的发音中体验不同的感受。

小河说话哗啦啦，小雨说话沙沙沙；

小鸡说话叽叽叽，小鸭说话嘎嘎嘎。

也可带宝宝到动物园，认识真的动物，宝宝会更加有兴趣。

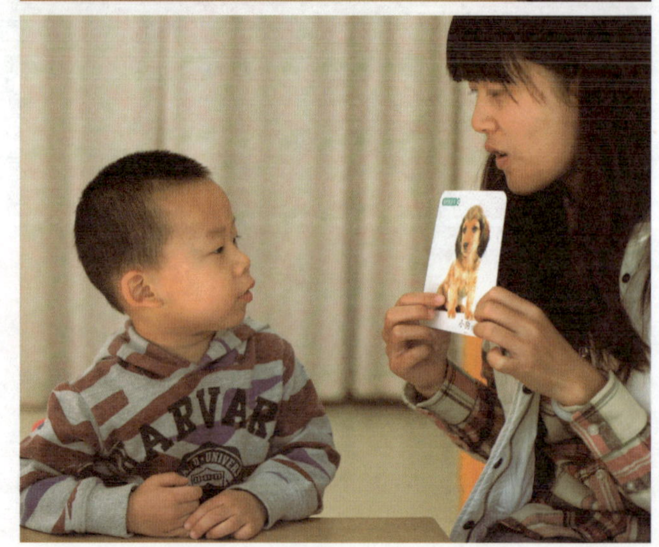

戴五颜六色的帽子

颜色识别

益智游戏好处多

颜色视觉是宝宝对光谱上不同波长光线的辨别能力，宝宝的三色（红、绿、蓝）视觉很早就有发育。1岁多以后，基本能认识和准确指出红、绿、蓝、黄、黑、白六种颜色。机敏、快速的反应能力能为宝宝日后的生活和学习提供良好的素质条件。

- 明亮的室内
- 宝宝特别精神的时候
- 游戏时间：5~10分钟

材料准备：红、黄、蓝、绿、黑、白色的彩纸

游戏步骤

1 用彩纸折成红、绿、蓝三种颜色的帽子各2个。

2 妈妈戴上红帽子，示意宝宝也戴。依次进行。

3 妈妈说："红帽子。"宝宝能按照妈妈的指令找出红帽子，并能戴上。

4 宝宝对以上三种颜色已经完全掌握的时候，再进行黄、黑、白三种颜色的帽子游戏。

也可以这样玩

妈妈还可以用水果、衣服等日常物品对宝宝进行颜色识别游戏，以方便、有趣为原则。

在爸爸腿上滑滑梯
提高平衡能力

益智游戏好处多

这个游戏可以大大增加宝宝和家人的身体接触、语言接触的机会，促进身体平衡能力的发展。宝宝能够积极配合成人的行为，为其日后生活自立能力以及积极的社会交往能力的形成奠定基础。

- 室内或床上
- 空间较开阔
- 宝宝想运动时
- 游戏时间：5分钟

材料准备：一把高矮适中的椅子

游戏步骤

1 爸爸坐在椅子上，双腿自然垂放，略向前伸。妈妈将宝宝抱放在爸爸的膝盖上。

2 爸爸用双手托住宝宝的腋下。

3 爸爸放松膝盖，慢慢将宝宝往下放，用双臂的力量帮助宝宝向下运动，并对宝宝说："滑滑梯喽。"

4 妈妈在下面张开怀抱，迎接宝宝，当宝宝滑下的时候，把宝宝抱住。

也可以这样玩

妈妈仰卧屈膝，把宝宝面对面放在膝盖上，两手扶住宝宝的身体，鼓励宝宝向下滑。

变积木
初步认识1、2、3

益智游戏好处多

1~3是宝宝对数字的最初认识，让宝宝了解1~3的数，能让宝宝对数的概念有一个初步的认识，培养宝宝对数的敏感性，开发宝宝数数的能力。

- 明亮的室内
- 游戏桌或游戏毯上
- 游戏时间：5分钟

材料准备：三个形状、颜色不同的积木、手绢

游戏步骤

1 先拿出一个积木放在宝宝面前，和宝宝一起说“一个”，然后用手绢盖上积木。

2 再拿出一个积木放在宝宝面前，和宝宝一起说“一个”；揭开手绢，把两个积木放在一起，说“两个”，再用手绢盖上积木。

3 拿出最后一个积木放在宝宝面前，和宝宝一起说“一个”；揭开手绢，把三个积木放在一起，说“三个”。让宝宝感觉到积木数量的变化。

也可以这样玩

妈妈将三个形状、颜色不同的积木排成一排。让宝宝用手指着，一个一个的，由左往右，大声的数着：“1、2、3”。当他数“1”的时候，让宝宝用手压住第一块积木；数“2”的时候用手压着前两块积木；数“3”的时候，用手压住三块积木。这样一来，就可以让宝宝了解，数就是代表物体集合的多少。然后问宝宝：“一共有多少？”让宝宝了解一共是“3”。

手指头会唱歌

锻炼手口一致、音乐感知力

益智游戏好处多

歌谣配合手指动作，锻炼宝宝手口一致的动作能力，提高大脑反应水平。歌谣的节奏感非常强，经常配合游戏说歌谣，可以丰富宝宝的音乐感知能力，这个能力将会影响宝宝体验美、创造美的能力。

- 室内外都适合
- 宝宝对自己的小手感兴趣时
- 游戏时间：3分钟

材料准备：无需任何材料

游戏步骤

1 妈妈把宝宝搂在怀里，摊开宝宝的小手。

2 一个一个点宝宝的手指头，一边说歌谣："大拇哥，二拇弟，三姑娘，四兄弟，小妞妞，来看戏，手心手背，心肝宝贝。"

3 左右手交替进行。

也可以这样玩

让宝宝的双手交叉握在一起，帮助宝宝做手指抬起的动作："大拇哥跳一跳，二拇弟跳一跳，三姑娘跳一跳，四兄弟跳一跳，小妞妞出来了，大气球爆炸了，哗啦啦，哗啦啦。"

说到"大气球爆炸了"时，打开宝宝的双手，表现"哗啦啦"的动作。

图形对号入座
抽象思维训练

益智游戏好处多

宝宝对物体形状的感知需要多种分析系统的协同活动，当视觉、动觉和触觉相结合时，对物体形状的感知效果较好。妈妈要给宝宝足够的时间，让其感知、触摸，逐渐形成对图形的准确知觉，为宝宝将来表象思维向更高水平发展打好基础。

- 室内游戏桌或游戏毯上
- 宝宝兴致好时
- 游戏时间：5分钟

材料准备：白色的纸板、剪刀、格尺

游戏步骤

1. 在一张纸板上分别画出一个直径为 4 厘米的圆形和一个边长为 4 厘米的三角形。
2. 把圆形和三角形涂上颜色。告诉宝宝图形的名称。
3. 在另一张纸板上剪下一个同样大小的圆形和三角形。
4. 让宝宝拿着剪下的圆形和三角形在纸板上找出对应的图形。

也可以这样玩

这个游戏可以持续下去，妈妈要根据宝宝不同月龄和能力发展情况，增加图形的种类，变换游戏的玩法。

游戏时，注意安全，不要让宝宝拿剪刀玩耍。

猜猜看
提高判断及推理能力

益智游戏好处多

这个时期的宝宝对熟悉的名称、人或物品能够指认出来，记忆力等心理活动发育更加活跃。这个游戏可以帮助宝宝锻炼和提高视觉判断能力以及推理能力。宝宝具备严密的逻辑推理能力，对今后计算和解决问题都有很大的帮助。

- 光线充足的室内
- 宝宝对图片、图画感兴趣时
- 游戏时间：5分钟

材料准备：一张较大的图画、一张白纸

游戏步骤

1 用白纸盖住图画，然后把白纸渐渐往下移，露出部分画面，让宝宝猜猜是什么。

2 每多看到一点画面，宝宝便会期待到底是什么图案，妈妈可以同时制造一些音效，鼓励宝宝继续往下看。

3 露出大部分画面，让宝宝说出画面的内容。

也可以这样玩

用旧的挂历剪出宝宝喜欢的小动物形象，再剪成几个部分，然后让宝宝重新拼成小动物。

可以随时更换拼图，引发宝宝更大兴趣。

追泡泡
分享快乐

益智游戏好处多

追逐、奔跑可以促进宝宝骨骼生长，令肌肉结实，增强腿部力量，使心脏跳动有力，还能增强呼吸系统和消化系统的功能。与小朋友一起追泡泡，培养宝宝积极的分享意识和行为。

- 天气晴朗、温度适宜的户外
- 开阔场地
- 宝宝想出去活动时
- 游戏时间：5~30分钟

材料准备：一瓶泡泡液及吹泡泡的工具

游戏步骤

1 和宝宝到户外去，爸爸吹泡泡并给宝宝演示如何追泡泡并戳破泡泡，然后鼓励宝宝和爸爸一起做。

2 如果宝宝很兴奋，在爸爸吹泡泡时就想去戳破它，告诉宝宝要耐心等待。

3 如果宝宝对吹泡泡感兴趣，可以教宝宝吹泡泡的方法，鼓励他自己吹。

4 让周围的小朋友一起来追泡泡吧。

也可以这样玩

在宝宝能够自由行走，并对周围世界产生一定兴趣后，可以变换方式，引导宝宝从日常生活中发现很多乐趣。

乒乓球和花皮球
分辨大小

益智游戏好处多

早期数学能力影响着宝宝思维和认知能力的发展。通过乒乓球和花皮球的游戏引导宝宝形成大、小的概念，培养宝宝的早期数学能力。

- 天气晴朗、温度适宜的户外
- 开阔场地
- 宝宝想出去活动时
- 游戏时间：5~30分钟

材料准备：一个乒乓球、一个花皮球

游戏步骤

1 拿乒乓球和花皮球给宝宝玩一会。

2 把乒乓球和花皮球放在一起，告诉宝宝哪个大哪个小。

3 然后问宝宝“哪个大？指给妈妈看。”

4 如果宝宝指对了，要表扬他；如果错了，不要批评，再来一次。

也可以这样玩

也可以把皮球扔到地上，让宝宝踢，告诉宝宝花皮球是“咕噜咕噜”滚来滚去的。再把乒乓球扔到地上，告诉宝宝乒乓球是“乒乒乓乓”跳来跳去的。鼓励宝宝观察和发现花皮球和乒乓球发出的不同声音和运动特征。

过家家

培养良好的生活习惯

益智游戏好处多

生活性游戏可以训练宝宝对日常生活的观察能力，提高其模仿能力，在模仿中学习生活中的常识。游戏中潜移默化的影响往往胜过指令性的教育，从小养成良好的生活习惯，有助于宝宝日后的学习和成长。

- 室内或床上
- 宝宝兴致好时
- 游戏时间：5分钟

材料准备：宝宝的布娃娃、宝宝爱看的书、玩具电话

游戏步骤

1 妈妈拿出布娃娃，对宝宝说："娃娃该睡觉了。"让宝宝给娃娃脱衣服，盖好被子。

2 过一会儿，妈妈提醒宝宝："娃娃该起床了。"让宝宝给娃娃穿好衣服，带娃娃"出去"玩。

3 还可以拿出玩具电话，让宝宝给娃娃打电话，跟娃娃聊天。

4 妈妈拿出一本书，鼓励宝宝模仿妈妈给娃娃讲故事。

也可以这样玩

每天给宝宝洗澡的时候，让宝宝给娃娃脱衣服、洗澡，培养宝宝爱清洁、讲卫生的好习惯。

水果宝宝送回家
学会归类和排序

益智游戏好处多

按照指令将同样的东西放在一起，标志着宝宝初步归类和区分概念能力的发展，是通向抽象思维必经的阶段。排序对发展宝宝的比较能力、逻辑思维能力等都有很大帮助，同时能促进宝宝对数概念，序数词等的认识，是发展宝宝数学逻辑智能的有效方法。

- 光线充足的室内
- 宝宝感兴趣时或玩完玩具时
- 游戏时间：5分钟

材料准备：宝宝喜欢吃的水果，如苹果、香蕉、葡萄等，相应的水果图片

游戏步骤

1 把水果放在桌子上分别让宝宝说出水果的名称。

2 把水果图片摆在地板上，告诉宝宝这里是水果宝宝的家。

3 让宝宝把水果一个一个送回“家”。

也可以这样玩

还可练习其他物品的分类。一般一次分两种物品，不可太多，以免挫伤宝宝的自信心。生活中需要分类的东西很多，如玩具、实物、图片、卡片等。

此外还可以按颜色、形状分类。归类观念的树立和要求应随着宝宝年龄的增长和水平的提高及时调整。

学动物走路
模仿、想象、创造

益智游戏好处多

模仿可是宝宝的强项，尤其是对于有特点的事物，宝宝很快就能模仿得惟妙惟肖。这个游戏需要你和宝宝一起模仿动物走路的样子，不仅考验你的模仿能力，更能培养宝宝的想象力和创造力。

- 室内空间较宽阔的地方
- 宝宝运动兴致高时
- 游戏时间：5分钟

材料准备：动物的图片、进行曲的录音

游戏步骤

1 搜集走路姿势有特色的动物图片，如笨重的大象、踮着脚的猫、滑行的蛇、腿长长的鹤、摇摇摆摆的鸭子、8条腿的蜘蛛等等。

2 播放进行曲的音乐，使游戏更有气氛。

3 给宝宝看第一张动物图片。接着，你开始学这种动物走路，要有创意地活动你的身体。

4 鼓励宝宝跟随你的步伐。当宝宝能跟随你模仿后，拿出另一种动物的图片，继续模仿。

也可以这样玩

模仿动物走路时，同时发出这种动物的叫声，加深宝宝对这种动物的印象。

地板一定要保持干净，以免宝宝踩到任何东西而摔跤。

幸福拍手歌
形成良好的性格

益智游戏好处多

这个游戏不仅能发展宝宝大动作和精细动作的协调性，学会听指令做动作，还能进一步增加宝宝身体运动的灵活性，培养宝宝的节奏感和动感，促进身体运动智能和音乐智能的发展。

- 天气晴朗、温度适宜的户外
- 开阔场地
- 宝宝想出去活动时
- 游戏时间：5~30分钟

材料准备：无需任何材料

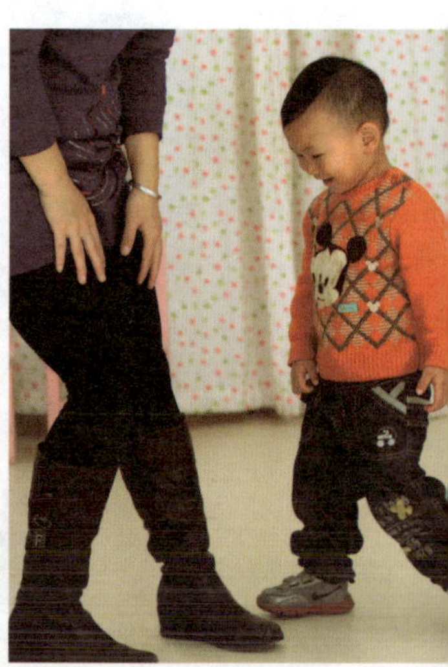

游戏步骤

1 在较大的空间里，爸爸妈妈和宝宝围成圈，以宝宝的手能拉住爸爸妈妈的手的距离为宜。爸爸妈妈唱歌，带领宝宝做拍手、跺脚、拍肩膀的动作。

幸福拍手歌

如果感到幸福你就拍拍手（跺跺脚、拍拍肩），如果感到幸福你就拍拍手（跺跺脚、拍拍肩），如果感到幸福你就把它表现出来吧，如果感到幸福你就拍拍手（跺跺脚、拍拍肩）。

2 爸爸妈妈和宝宝先各自拍手和跺脚、拍肩。

3 唱第二遍时大家一起手拉手转圈，爸爸妈妈轮流和宝宝拍拍手，跺跺脚，拍拍肩。

也可以这样玩

让宝宝和同龄的小朋友拉起手来围成一个圈，将拍手换成转个圈、眨眨眼等，玩起来更开心。

穿过羊肠小道
提高行走技能

益智游戏好处多

随着宝宝神经系统的进一步发展，运动的准确性、灵活性、平衡性不断提高，让宝宝在两条平行线中间自如行走，可以提高宝宝的行走技能。形成稳定的自我激励机制对一个人的终生成长来说，具有非常重要的意义。

- 天气晴朗、温度适宜的户外
- 开阔场地
- 宝宝想出去活动时
- 游戏时间：5分钟

材料准备：粉笔

游戏步骤

1 用彩色的粉笔在地面画上两条相距30厘米的平行线。

2 妈妈先穿过平行线，在小道的另一端用宝宝喜爱的玩具逗引宝宝。

3 鼓励宝宝穿过小道拿到玩具。

也可以这样玩

把平行线画得长一些，让爸爸和宝宝从相对的方向走，到小路的中间会合，增加游戏的乐趣。

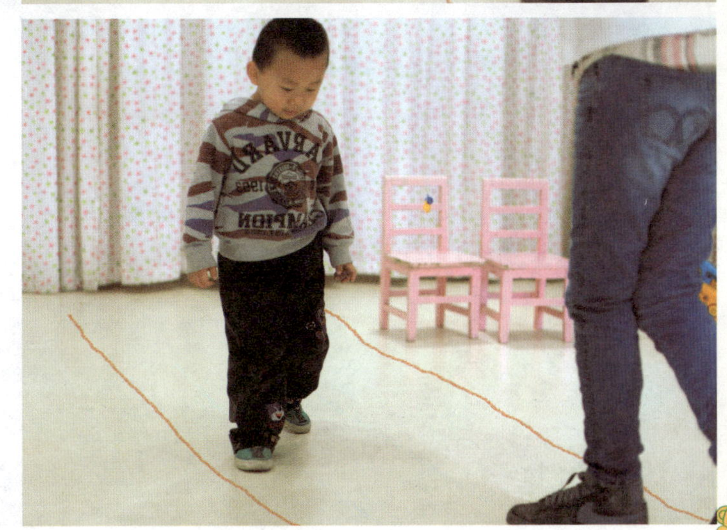

踩影子
锻炼动作的协调性

益智游戏好处多

这个时候的宝宝刚学会走路不久，这个游戏可以锻炼宝宝动作的协调性，培养灵活的应变能力，让他保持浓厚的兴趣和愉快的情绪。良好运动智能的发展会带给宝宝整体智能的提升，使之日后更加具有灵活的应变能力。

- 天气晴朗、温度适宜的户外
- 开阔场地
- 宝宝想出去活动时
- 游戏时间：5分钟

材料准备：无需任何材料

游戏步骤

1 爸爸、妈妈带着宝宝到户外，妈妈指着地上的影子告诉宝宝："这是爸爸的影子，这是妈妈的影子，这是宝宝的影子。"

2 爸爸来踩妈妈的影子，鼓励宝宝跟着踩。

3 爸爸、妈妈和宝宝相互踩影子。指导宝宝观察不同时间影子有什么不同。

也可以这样玩

这样的游戏可以在每天出门或回家的路上进行，不用耽误太多时间，也不用准备什么材料。通过游戏还能帮助宝宝认识白天和晚上影子有什么不同之处。

红灯停，绿灯行

提高大脑的协调能力

益智游戏好处多

这个游戏能给宝宝较多的走和跑的机会，可以提高大脑的协调能力，是发展运动智能的好方式。同时，在游戏中渗透“红灯停，绿灯行”的交通规则，可以帮助宝宝建立良好的秩序感，宝宝的心理能力和社会性也逐步得到发展。

- 天气晴朗、温度适宜的户外
- 开阔场地
- 宝宝想出去活动时
- 游戏时间：5分钟

材料准备：无需任何材料

游戏步骤

1 爸爸和宝宝前后一排站好，宝宝拉着爸爸的衣服。

2 爸爸做“车头”，宝宝做“司机”，然后由“车头”领着走（也可以小跑），一边走一边带着宝宝学汽车“嘀嘀”地叫。

3 妈妈用纸板做两个牌子，上面分别用彩笔画上“红灯”、“绿灯”。

4 妈妈举起“红灯”，“汽车”停；妈妈举起“绿灯”，“汽车”开始走。

也可以这样玩

爸爸、妈妈和宝宝排着队依次拉着前面人的衣服，“轰隆隆”地开“火车”。

背狗狗

锻炼协调和空间感知能力

益智游戏好处多

这个游戏能够锻炼宝宝的感觉协调能力。宝宝感知的发展趋势是逐渐趋向组合与协调，对不同感觉信息的分析和转化能力是宝宝感知能力提高的标志。宝宝具有良好的空间知觉能力，就会让宝宝将来有更好的发展和生存。

- 户外或室内都可以
- 较开阔的空间
- 宝宝兴致好时
- 游戏时间：5分钟

材料准备：无需任何材料

游戏步骤

1 爸爸把宝宝背在背上，走来走去，一边摇晃一边哼着歌谣：“背狗狗，背狗狗，背在背上热乎乎。谁要买，快来买。”妈妈说不买。

2 爸爸继续走来走去，一边摇晃，一边哼着歌谣：“背狗狗，背狗狗，背在背上热乎乎，谁要买，快来买。”爷爷说没有钱买。

3 奶奶把宝宝抱过来说：“人家不买我要买，好乖乖，奶奶最喜欢。”拍拍宝宝的小屁股，亲亲小脸蛋。

也可以这样玩

让宝宝骑在爸爸的肩上，在房间里到处走来走去，为宝宝提供更加好玩、刺激的机会。

不要给宝宝穿带扣子或拉锁的衣服，以免在背上滑动的时候擦伤宝宝的皮肤。

涂鸦
训练手眼协调能力

益智游戏好处多

宝宝正处在涂鸦阶段，不一定按照成人的要求作画。这个时期重点是训练宝宝的手眼协调能力，只要宝宝能专心涂涂画画，就值得赞赏，画成什么并不重要。通过涂鸦，宝宝可以感受到线条、色彩和形状的变化，还可以让宝宝体会美、欣赏美。

- 光线充足的室内
- 室内游戏桌或游戏毯上
- 游戏时间：5分钟

材料准备：水彩笔、白纸、太阳挂图

游戏步骤

1 让宝宝说出太阳的形状和颜色。

2 妈妈拿水彩笔在白纸上画一个圆，鼓励宝宝拿起笔来像妈妈这样做。

3 如果宝宝还不会握笔，妈妈可先握住宝宝的小手在纸上画圈，再让宝宝自己画。

4 妈妈帮助宝宝完成太阳图画，并把太阳涂上鲜艳的红色。

也可以这样玩

爸爸妈妈可以在日常生活中让宝宝观察大自然，为他创造感受美的环境，发现大自然里的各种线条、色彩和形状以及方位，让宝宝逐渐增长见识。

给积木分类

认识颜色、形状，识别多少

益智游戏好处多

按颜色和形状给积木分类，可以促进宝宝对色彩和形状的辨识能力，引导宝宝形成分类、集合的概念。数数则能让宝宝初步感知“一样多”的概念。

- 游戏桌或游戏毯上
- 宝宝游戏兴趣高的时候
- 游戏时间：5分钟

材料准备：形状、颜色各异的积木

游戏步骤

1 先将积木按颜色分类，再按形状分类。教宝宝认识各种颜色和形状。

2 将相同颜色的积木摆成一排，让宝宝看看各种颜色是否一样多。

3 再将相同形状的积木摆成一排，让宝宝看看各种形状是否一样多。

也可以这样玩

让宝宝串各种形状的彩色珠子，既可以让宝宝感知色彩和形状，又可以锻炼宝宝手部肌肉的灵活性。

捡豆豆

促进运动智能和耐力的发展

益智游戏好处多

宝宝能独立站立、行走后，爸爸、妈妈就应逐渐发展宝宝“下蹲”的能力，蹲下的动作，需要宝宝具备更强的身体协调和平衡能力，是促进宝宝身体运动智能发展的好方法。重复性游戏可以培养宝宝细心、耐心地做事，并逐渐养成习惯。

- 光线充足的室内
- 室内游戏桌或游戏毯上
- 游戏时间：5分钟

材料准备：一些豆子、一个小盛器

游戏步骤

1 妈妈假装不小心把豆子撒在地上，请宝宝来帮忙。

2 告诉宝宝捡豆子时要蹲下来一粒一粒地捡，把捡到的豆子放到盛器里。

3 豆子捡完了，让宝宝再找一找，有没有漏捡的豆子。

4 最后，妈妈要感谢宝宝的帮助。

也可以这样玩

让宝宝捡掉在地上的卡片、玩具等都是锻炼宝宝下蹲动作的良好方式。

一定要告诉宝宝：“豆豆是玩具，不能往嘴里放。”

游戏过程中要时刻注意宝宝的举动，千万不能让宝宝独自玩这个游戏，以免发生危险。

小脚丫到处追
增强视觉追踪能力

益智游戏好处多

游戏可以让宝宝把行走当成一件快乐的事，考验宝宝的视觉追踪能力，增强行走和协调运动的能力。宝宝在早期就开始锻炼与视觉和肌肉运动技能有关的大脑神经，成年后的可塑性会很强，能够积极地适应社会。

- 较开阔的空间
- 宝宝想运动时
- 游戏时间：5分钟

材料准备：宝宝喜欢的小的毛绒动物玩具（带响声的更好）、一条棉线绳

游戏步骤

1 把棉线绳的一端系在玩具上，将绳子的一端握在宝宝手中。

2 宝宝拉动棉线绳，使玩具移动，妈妈跟着追。

3 宝宝不断拉动绳子，兴奋地四处走动。

4 也可让宝宝拉着绳子，听妈妈的指令走。

也可以这样玩

让爸爸拉动绳子，牵着玩具走，妈妈和宝宝在一起跟着玩具走。

安全提示

游戏过程中注意周围的物品，避免宝宝不小心撞到。

爬呀爬，绕障碍 增加安全感

益智游戏好处多

有一段时期，宝宝可能会出现成长倒退的情形，例如即使他已经可以走得很好，可也许会再度喜欢上爬行游戏。这时请你也一起趴下来，邀请宝宝加入这个游戏，这样会让他得到一种安全感。

- 室内地板或游戏上
- 宝宝运动兴致高时
- 游戏时间：5分钟

材料准备：枕头、靠垫、填充动物玩具、毯子，以及其他柔软的障碍物

游戏步骤

1 用柔软的障碍物铺满大片地板，为宝宝设置挑战区域。

2 让宝宝在房间的另一端趴下来。你也在他的后面趴下来，说“我是蜗牛，我要抓住你”，然后开始爬着追他。

3 鼓励宝宝爬着逃走。继续追他，看着他设法绕过障碍物。

4 当他玩腻的时候，反过来，让他追你。

也可以这样玩

为宝宝安排一块安全区，如毯子，在游戏规则里加上：当宝宝在毯子上时，“蜗牛”不能碰他。当宝宝进入他的安全区时，你就离开，让他有机会休息一下，然后再继续冒险，你也继续追逐。

安全提示

千万不要引起宝宝的惊慌，否则他会害怕，就不喜欢这个游戏了。

0~3岁宝宝
益智
亲子游戏

自己动手玩游戏

宝宝进入学步期，会发生很多身体、认知、社交和情绪上的变化，这些新的变化将会让他更独立。此时宝宝身体变得越来越结实，手指也变得纤细、灵巧。与此同时，宝宝的思维会变得越来越有逻辑，他已经可以用语言来表达他的想法和需要了。总之，宝宝越来越不像个婴儿，而是越来越像个小大人了。

这一阶段的宝宝会对玩偶投入更多的感情，各种跑跳、爬楼梯、爬椅子等动作已经成为他日常生活的一部分了，虽然你看着还会时时担心，但他的确可以做得很好了。现在该进行更高水平的游戏了！

这一阶段的宝宝会跑来跑去，不知疲倦，然而却让爸爸妈妈觉得疲惫，但是，请爸爸妈妈保持对宝宝的耐心，认真欣赏宝宝的每一个举动。这对宝宝的成长非常有益。

积木进洞 促进手眼配合

益智游戏好处多

宝宝手拿不同形状的积木放入相应的洞里，标志着其手和眼睛配合完成动作的能力发展到一个新水平，同时还能培养宝宝稳定而集中的注意力，让他养成收拾玩具的好习惯。

- 游戏毯上或床上
- 宝宝注意力相对集中时
- 游戏时间：3~5分钟

材料准备：硬纸箱、积木

游戏步骤

1 找一个硬纸箱，大小以能装下所有的积木为度。根据积木的形状，用裁纸刀在上面开出不同形状的洞。

2 妈妈可以先给宝宝演示，分别比较积木和纸盒上洞的形状，然后把积木从对应的洞中投入纸箱。

3 递给宝宝一个积木，鼓励宝宝找到和它相对应的洞，并将积木从合适的洞中投入纸箱。

4 把全部积木递给宝宝，帮助宝宝把积木一块一块地从不同的洞中放进箱子里。每次做完积木游戏后，让宝宝自己把积木收拾到纸箱中。

也可以这样玩

准备一些大小不同的球，让宝宝找到对应大小的圆孔放进去。

安全提示

积木和圆球不宜过小，以免宝宝放入口中发生危险。玩圆球游戏时，家长要陪伴在宝宝身边。

小动物模仿操 锻炼观察和模仿能力

益智游戏好处多

在宝宝会爬、会走后，适当地为宝宝创设一些有趣的游戏活动，可以让宝宝的身体运动技能得到充分的锻炼。有针对性的模仿训练，可以培养宝宝善于观察事物的好习惯，对于今后各方面的学习都大有益处。

- 室内或户外
- 空间较宽阔的地方
- 宝宝运动兴致高时
- 游戏时间：10分钟

材料准备： 无需任何材料

游戏步骤

爸爸妈妈一边念儿歌一边做小动物模仿操，让宝宝跟着说和做。

我学小鸡叽叽。

（两手在嘴前作鸡嘴状，同时跟着儿歌节奏上下点头。）

我学小鸭嘎嘎。

（两脚站成大八字，双手置于体侧，五指微微翘起，原地左右摇晃身体。）

我学小猫喵喵。

（两手放在嘴前，手心朝前，朝两边摸胡子两下。）

我学小狗汪汪。

（双手举在耳旁，手心朝前，跟着儿歌节奏头和手同时上下点动两次。）

我学小鸟飞飞。

（双臂在体侧上下摆动各两次。）

我学小兔跳跳。

（双手举过头顶，随着儿歌节奏跳动。）

也可以这样玩

根据儿歌，模仿小动物走路的姿势。

小青蛙走路，蹦蹦跳；
小鸭子走路，摇摇摆；
小乌龟走路，慢吞吞；
小花猫走路，静悄悄。

看图找字
记忆和语言训练

益智游戏好处多

这个游戏可以帮助宝宝调动自己的记忆储存，强化其记忆能力。同时，这也是训练语言能力的好时期，宝宝在这段时间开始能够说出两个甚至更多有意义的词。观察能力是社会性思维的基础，观察、归纳能力有助于提高宝宝的学习能力和生活能力。

- 光线充足的室内
- 室内游戏桌或游戏毯上
- 宝宝对卡片感兴趣时
- 游戏时间：5分钟

材料准备：幼儿识物图片和字卡若干张。

游戏步骤

1 妈妈出示图片，让宝宝说说这些东西是什么，哪些东西是宝宝用的，哪些是爸爸、妈妈用的。

2 教宝宝认识相应的字卡。妈妈拿出一张图片，让宝宝找出相应的字卡。

3 选用宝宝较熟悉的物品图片。

4 当宝宝不能顺利把图片与字卡对应上时，妈妈不要急躁，以免挫伤宝宝的积极性。

也可以这样玩

这个游戏可以根据宝宝的能力增加难度，多准备一些图片，爸爸和宝宝一起找，让家庭游戏更加充满乐趣。

学跳舞 增添活力

益智游戏好处多

积极地活动身体，学习按节拍进行活动，可以促进宝宝粗放运动能力的综合发展以及反应能力，提高动作的连续性和准确性。音乐和舞蹈都是人们表达情感的形式，让宝宝从小感知音乐和舞蹈的美感，可以激发其潜在的创造力，使其生命更富于活力。

- 室内空间较宽阔的地方
- 宝宝对音乐感兴趣、兴致高时
- 游戏时间：看宝宝的持续热度

材料准备： “捉蝴蝶”的音乐

游戏步骤

播放音乐，妈妈先示范动作，然后放音乐，配合音乐和宝宝一起做动作。

捉蝴蝶

蝴蝶蝴蝶飞飞，
（两手在体侧平举，上下摆动。）

宝宝宝宝追追；
（两手握拳在身体两侧，前后摆动。）

青蛙青蛙跳跳，
（曲臂两手掌朝前，上下跳动。）

宝宝宝宝笑笑。
（两手握拳，食指朝脸蛋，头左右摆动。）

也可以这样玩

爸爸和宝宝相对而立，边听音乐边做动作。也可以让宝宝唱儿歌，爸爸做动作，或爸爸唱儿歌，宝宝做动作。

给宝宝选择歌曲和舞蹈一定要考虑其年龄特点，选择一些与生活接近的、适合宝宝的曲目。

爬山
磨炼意志力

益智游戏好处多

这个时期的宝宝虽然学会了走路、跑跳，但爬行对他们来说仍然是一个很重要的活动项目。这个游戏可以训练宝宝的爬行和翻越能力，促进大脑的发育。攀爬的过程不仅是对体质的训练，更是对意志力的磨炼。

- 地毯上或床上
- 宝宝乐于运动时
- 游戏时间：5~10分钟

材料准备：无需任何材料

游戏步骤

1 妈妈俯卧在床上，腰略拱起，让宝宝在妈妈的腿部和背部爬上爬下。

2 多次练习后，妈妈将手臂支撑在床上，膝部跪下，使身体抬高，引导宝宝从妈妈腿部向背部爬行。

3 宝宝爬到妈妈背部，将双臂绕在妈妈的颈部，妈妈背着宝宝来回爬行，然后将宝宝从背上滑到床上。

也可以这样玩

在家中准备一块较大的活动场地，让妈妈和宝宝比赛，看谁爬得快。

安全提示

游戏过程中，家长要注意避免宝宝摔到地上。

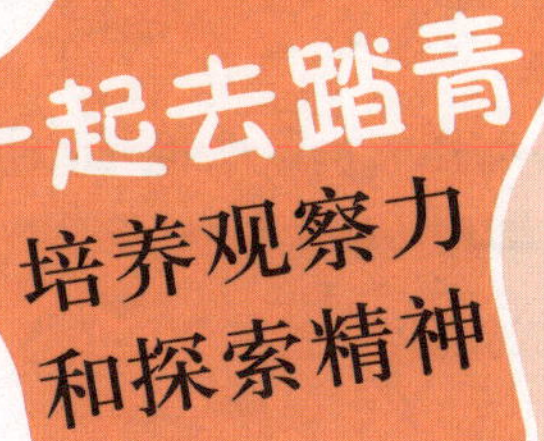

益智游戏好处多

这个时期的宝宝经过多方面的训练，已经具有了良好的综合能力，有意识地引导将会促进宝宝综合运用感官的能力，并学会观察事物的方法。丰富的刺激和感受可以让宝宝领略大自然的神奇和美好，提高宝宝探索自然的兴趣和能力，让他养成善于探索的良好品格。

- 天气晴朗、温度适宜的户外
- 宝宝想出去活动时
- 游戏时间：30分钟~2小时

材料准备： 无需任何材料

游戏步骤

1 春暖花开的时节，带宝宝到郊外去。引导宝宝说出天空的颜色、白云的形状。让宝宝说说，风吹在脸上是什么感觉。

2 引导宝宝观察大树的高度、小河的流动，辨别花朵的色彩。听听小鸟的歌声，找一找小鸟的家在哪里。

3 引导宝宝闻一闻空气里泥土和小草的气味。

4 一起来说说下面的儿歌。

今天天气真好

今天天气真好，花儿都开了，
杨柳树儿对着我们弯弯腰，
蜜蜂蝴蝶飞来了，小鸟啾啾叫，
小白兔儿一跳一跳又一跳。

安全提示

宝宝进行户外活动时，要注重保护眼睛和皮肤，不可过长时间曝晒。炎夏时，应在上午8点以前或傍晚日落时的日光里或在树荫下接受反射光。

也可以这样玩

有空的时候带宝宝参观植物园，让宝宝认识不同的植物种类，给宝宝讲一讲每种植物的特点和习性。平常也可以让宝宝认一些常见的植物，观察植物一年四季的变化。

踢足球 锻炼动作协调性

益智游戏好处多

这个游戏可以锻炼宝宝动作的协调性和灵活的应变能力，让他保持浓厚的兴趣和愉快的情绪。

- 室内或温度适宜的户外
- 较开阔的空间
- 宝宝乐于运动时
- 游戏时间：10分钟

材料准备：一个小皮球、两个小板凳

游戏步骤

1 把两个小板凳相距一米左右摆开，当作球门。

2 给宝宝小皮球玩，先让宝宝用手把皮球滚进球门。

3 当宝宝滚得顺利后，教他用脚踢。

4 逐渐拉远球门，或是缩小球门间隔距离，增加难度。

安全提示

地板或户外运动的场地一定要保持干净，以免宝宝踩到任何东西而摔跤。

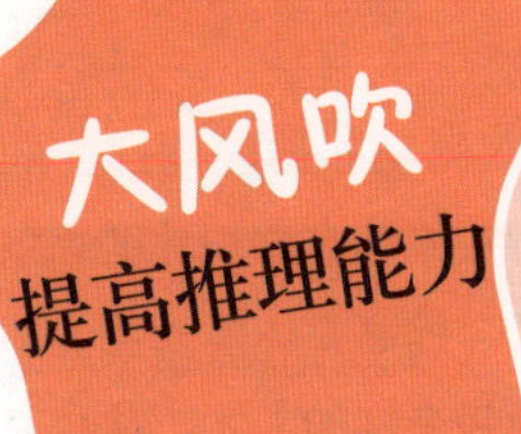

益智游戏好处多

利用这个游戏可教宝宝如何控制呼吸，通过反复的练习，让宝宝体会到自己吹气与物体运动的因果关系，从而促进推理能力的发展。

- 室内空间
- 宝宝对小东西感兴趣时
- 游戏时间：10分钟

材料准备： 可以轻易吹倒的小东西，例如棉花团、羽毛、一张纸巾、棉花糖等；吸管、适合宝宝做的椅子和桌子、塑料托盘

游戏步骤

1 让宝宝坐在椅子上，桌子上放好托盘。

2 把一片羽毛放在托盘上，对着它吹气，为宝宝示范如何使羽毛移动的。

3 让宝宝模仿你的动作。当宝宝成功地吹开羽毛时，换另外一个物品来让他再试一次。

4 当宝宝用嘴巴吹的技巧熟练了之后，拿一根吸管示范把小东西吹跑，然后让宝宝用吸管去吹吹看。

也可以这样玩

把吸管插入一杯水中，教宝宝吹泡泡。也可以和宝宝玩吹气比赛：坐在宝宝的对面，把一个球放在托盘上吹向他，当他吹回来时，你再吹回去，直到球掉到托盘外为止。

安全提示

小心不要让宝宝把小物品放进嘴巴里。

自己扶栏杆上楼

提高独立性

益智游戏好处多

这个时期的宝宝双手和双腿动作的协调性、随意性、灵活性大大增加，这个游戏能够有意识地锻炼宝宝爬楼梯的能力，加强腿部力量，提高整体运动能力。未来社会需要充满独立精神和顽强个性的人才，从小有意识地培养，宝宝日后才能够适应社会的需要。

- 楼梯间或有台阶的地方
- 出去玩或回家时
- 宝宝表现出自己做的愿望时
- 游戏时间：5分钟

材料准备：准备一些宝宝熟悉、喜爱的玩具

游戏步骤

1 爸爸妈妈带宝宝准备上楼时，鼓励宝宝自己扶栏杆爬楼梯。

2 妈妈可以拿着宝宝喜欢的玩具在楼梯上逗引宝宝，当宝宝有进步时要不断给予鼓励和称赞。

3 爸爸可站在宝宝身旁给予保护，但是不要牵着宝宝的手走。

也可以这样玩

在扶栏杆上楼的基础上，再让宝宝继续学习独立上楼和扶栏杆下楼。

安全提示

如果栏杆空隙较大，要注意防止宝宝从间隙跌落。确定栏杆或扶手是圆滑的，以防伤手。

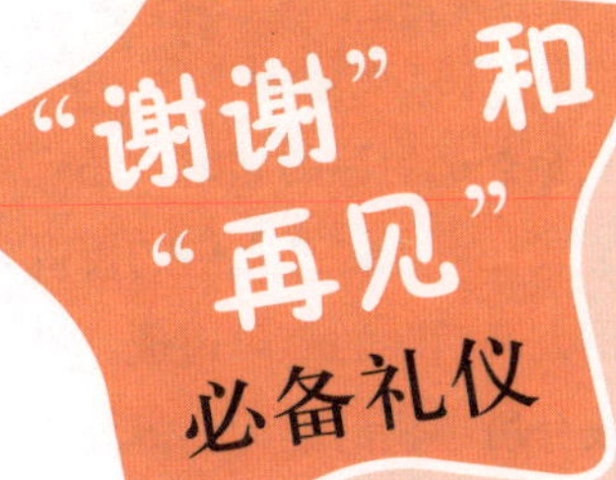

益智游戏好处多

在理解词义前，宝宝首先理解的是语调和表情。所以日常说话中成人的语调和表情对于宝宝的语言和情感学习起着非同寻常的作用。这个游戏与其说是游戏，不如说是爸爸妈妈每天都应为宝宝做的表率。

- 随时随地
- 游戏时间：3分钟

材料准备： 宝宝喜欢的玩具

游戏步骤

1 爸爸递给宝宝一个他喜欢的玩具，当宝宝伸手拿时，妈妈在一旁说：“谢谢”。并点点头或做鞠躬的动作。

2 逗引宝宝模仿妈妈的动作，如果宝宝按照要求做了，要亲亲他表示鼓励。

3 爸爸作离开状，妈妈一面说“再见”，一面挥动宝宝的小手，教他做“再见”的动作。

也可以这样玩

每天爸爸上班时抱着宝宝送爸爸离开，妈妈教宝宝对爸爸挥动小手说：“再见。”晚上爸爸回来的时候，抱着宝宝对爸爸拍手说：“欢迎，欢迎！”爸爸对宝宝说：“你好！”家里来了熟悉的客人，教宝宝拍手表示欢迎，说：“欢迎，欢迎！”

智力直通车

学习一般的交际规则、交往礼仪，尊重长辈，有礼貌地与人交往，这是宝宝社会化过程中需要学习的重要部分。

小兔子乖乖
提高辨别能力

益智游戏好处多

爸爸妈妈在给宝宝创设安全舒适生活的同时，还应加强安全意识的教育。这个游戏，可以提高宝宝的警惕性，让宝宝明白“不能给陌生人开门”的简单道理。潜移默化的教育可以使宝宝增长分析事物的能力，提高辨别能力，为今后的学习和生活打下良好的心理基础。

- 室内空间较宽阔的地方
- 宝宝兴致高时
- 游戏时间：10分钟

材料准备： 无需任何材料

游戏步骤

1 妈妈教宝宝说《小兔子乖乖》的歌谣，让宝宝了解故事情节。

小兔子乖乖，把门儿开开，
快点儿开开，我要进来。
不开不开，不能开，
妈妈没回来，谁来也不开。

2 宝宝扮装成兔宝宝，妈妈装作兔妈妈去采蘑菇和宝宝说“再见”。

3 爸爸扮装成大灰狼，捏着嗓子说：“小兔子乖乖，把门开开，我是妈妈。”

4 如果宝宝说：“啊，是妈妈回来了。”跑去“开门”。爸爸装成大灰狼一进门，就把宝宝“吃”了。

5 和宝宝一起宝宝分辨“真妈妈”和“假妈妈”，不要给陌生人开门。继续进行游戏，当大灰狼再来敲门时，宝宝就说：“你不是妈妈，不给你开门。”

也可以这样玩

假装让宝宝一个人留在家里，爸爸装作陌生人来敲门，看看宝宝的反应。

让宝宝和其他小朋友一起玩儿，分别扮演兔宝宝、兔妈妈和大灰狼。

点豆豆，抓手指 提高灵敏性

益智游戏好处多

研究表明，大脑皮层的成熟程度随手指运动的刺激强度和时间推移而加深。因此，促进宝宝手指的灵活运动，是提高大脑两半球皮质机能的有效手段。同时，互动性的游戏强调宝宝的参与感和主动性，让宝宝在玩的过程中感受参与的快乐，提高自我意识。

- 随时随地
- 游戏时间：3分钟

材料准备：宝宝喜欢的玩具

游戏步骤

1 妈妈把宝宝抱在怀里，用左手握住宝宝的一只手。

2 妈妈用右手食指点点宝宝的手心，一边点一边说儿歌："点点豆豆，豆子长大，长大开花，开花结豆，一抓一把。"让宝宝跟着妈妈说。

3 说到"一抓一把"时，让宝宝立即握拳，设法抓住妈妈的食指。

4 也可以互换角色，让宝宝来点豆，妈妈来抓宝宝的手指。

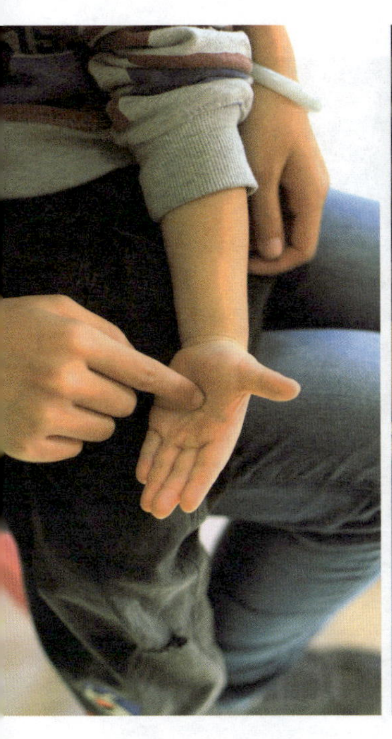
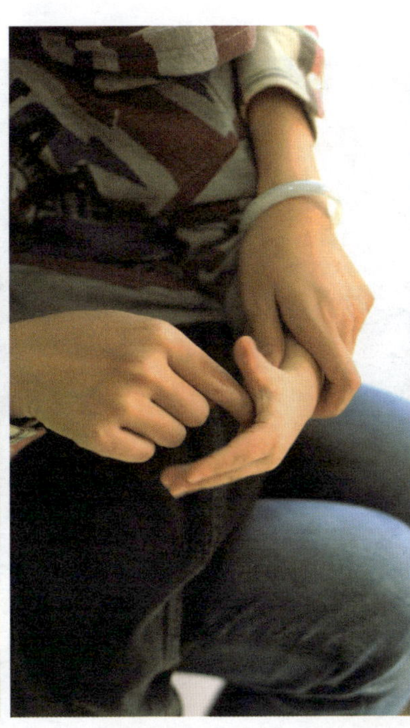
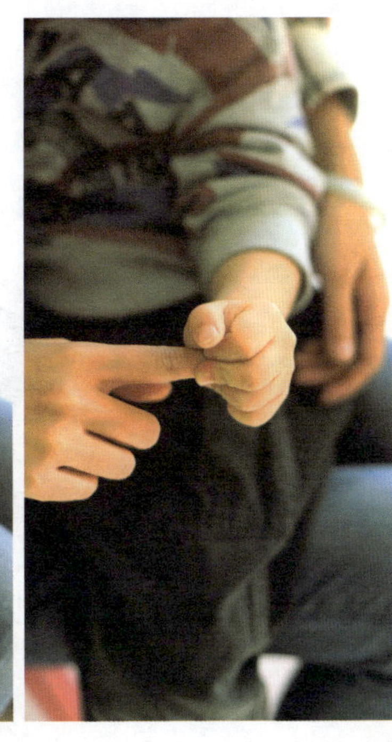

也可以这样玩

让宝宝伸出两只手，随着妈妈的指令翻手掌。妈妈说"手心"，宝宝就把手心朝上，妈妈说"手背"，宝宝就把手背朝上。

送积木宝宝回家
好习惯培养

益智游戏好处多

颜色视觉的发展为宝宝认识多姿多彩的世界提供了条件，培养宝宝的颜色识别能力，有助于宝宝更好地观察事物。这个游戏采用拟人化的手法和形象的比喻，使宝宝知道任何物品都有一个家，使用后应该送物品回家，从而养成良好的行为习惯。

- 地板或游戏毯上
- 宝宝对积木感兴趣或游戏结束时
- 游戏时间：5分钟

材料准备：红、黄、绿色的小桶各一个，红、黄、绿色的积木块若干

游戏步骤

1 妈妈和宝宝把积木倒在地板上，把三个颜色的小桶摆在面前，告诉宝宝："小桶是积木宝宝的家。红色的积木宝宝住在红色的小桶里，黄色的住在黄桶里，绿色的住在绿桶里。"

2 妈妈说："哦，天黑了，积木宝宝该回家了，让我们把它们送回家吧。"

3 请宝宝帮忙分别把红、黄、绿色的积木放到对应的小桶里。

也可以这样玩

把宝宝各种颜色的小袜子打乱后放在一起，让宝宝找出同一双袜子，进行"配对"游戏。

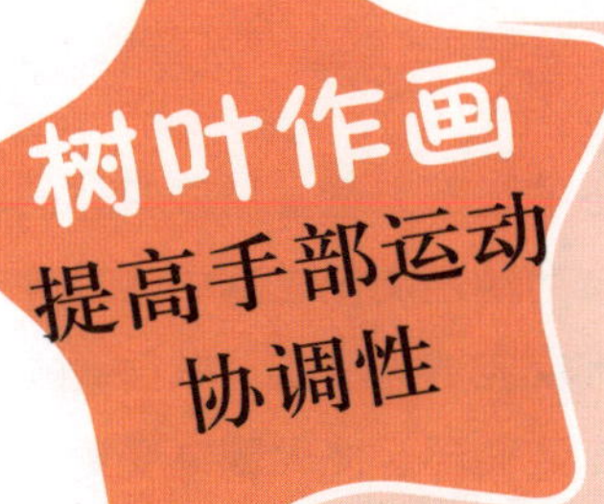

树叶作画
提高手部运动协调性

益智游戏好处多

手的动作不仅是促进大脑发育的途径，更是宝宝日后独立生活的行为基础。这个游戏可以训练宝宝双手配合协调的能力，提高手部运动的准确性。对构图、线条、色彩的敏感性的把握，有助于宝宝创造性思维和想象力的发展，从而培养较高的艺术鉴赏力。

- 温度适宜的户外
- 光线明亮的室内
- 宝宝对动手感兴趣时
- 游戏时间：30分钟~1小时

材料准备： 胶水、纸张、彩笔、游戏桌

游戏步骤

1 爸爸妈妈带宝宝去户外捡拾树叶，一边捡一边和宝宝一起欣赏树叶的色彩和形状。把树叶装到袋子里带回家。

2 妈妈在纸上画一个大树干，和宝宝一起来给树干贴上树叶。

3 妈妈教宝宝用大拇指和食指合作，将大树叶撕成许多小树叶，然后用拇指和食指将小树叶一张一张地蘸上胶水，贴在树干上。

4 把多余的胶水用抹布擦干。一起来和宝宝欣赏你们的“大作”吧！

也可以这样玩

让宝宝挑出一些好看的树叶，把它压在镜框里，就成了一个很好的装饰品，把它当做礼物送给爸爸妈妈也不错!

跳房子 增强身体的灵活性

益智游戏好处多

这个游戏能够锻炼宝宝的腿部力量，增强身体的灵活性，使体质得到锻炼。运动还能促进脑中多种神经递质的活力，使大脑思维反应更为活跃、敏捷，并通过提高心脑功能，加快血液循环，使大脑享受到更多的氧气和养分，从而达到提升智力的作用。

- 天气晴朗、温度适宜的户外
- 开阔场地
- 宝宝想出去活动时
- 游戏时间：10分钟

材料准备：粉笔

游戏步骤

1 爸爸用粉笔在户外水泥地上画 3 个房子，一个是圆形，里面写“宝宝”，一个是正方形，里面写“妈妈”，一个是三角形，里面写“爸爸”。

2 教宝宝认识形状和字，爸爸给指令，宝宝往相应的形状和房子里跳。

3 擦掉房子里面的字，让宝宝凭记忆，按照爸爸的指令跳。

4 妈妈和宝宝比赛（单脚、双脚跳），看谁跳得对，跳得快。

也可以这样玩

也可以在“房子”里面写上数字，让宝宝认识这些数字，并根据妈妈的指令来跳。

空气的味道
刺激嗅觉发育

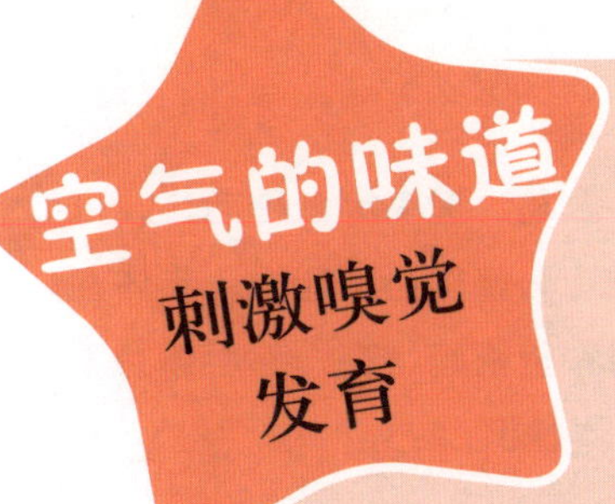

益智游戏好处多

宝宝的嗅觉发育与视觉、听觉、味觉、触觉等感觉统合的发育同样重要，感觉统合影响着宝宝的身体和心理发育，因此，适当的刺激将有助于宝宝身心健康地发展。通过对新鲜空气和污浊的空气的比较，可以帮助宝宝树立起保护环境的朦胧意识。

- 温度适宜的户外
- 宝宝外出活动时
- 游戏时间：5分钟

材料准备：无需任何材料

游戏步骤

1 带宝宝到户外的时候，有意识地让宝宝体验不同的空气。在车辆拥挤的大街上，让宝宝说说这里的空气是什么气味。

2 在花草树木繁茂的公园，让宝宝深呼吸，说说这里的空气什么气味。

3 告诉宝宝："污浊的空气对人的身体有害，所以，要保护森林和绿草。"给宝宝讲述一些环保方面的知识。

也可以这样玩

把醋、酱油、香油分别倒在一个小瓶子里，让宝宝闻一闻它们的气味，然后再把宝宝的眼睛蒙上，让他根据气味指认瓶子里装的是什么。

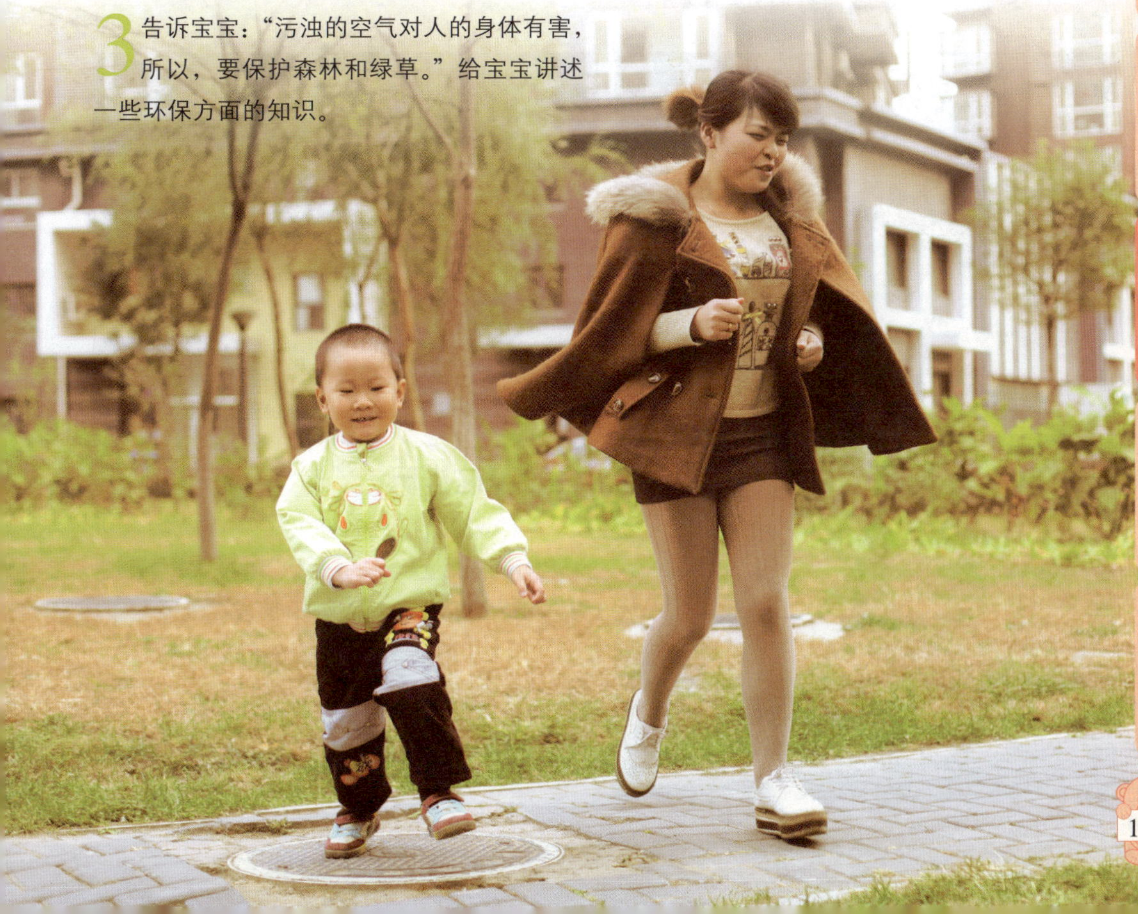

找朋友
树立集体意识

益智游戏好处多

这个游戏有蹲、走、敬礼、握手等多种动作，可以训练宝宝肢体动作的技巧和整体运动能力。集体性的游戏可以让宝宝体会到和爸爸妈妈在一起所体会不到的乐趣，树立朦胧的集体意识。

- 温度适宜的户外
- 宝宝和小朋友一起玩儿时
- 游戏时间：10分钟

材料准备：无需任何材料

游戏步骤

1 户外，几个年龄相当的小朋友在一起。小朋友蹲着围成一圈，由一个小朋友来找。大家一起唱《找朋友》。

“找呀找呀找朋友，找到一个好朋友，敬个礼，握握手，你是我的好朋友，再见！”

2 找到后做敬礼、握手、再见的动作。

3 然后再换另一个小朋友来找。爸爸妈妈可以加入，跟小朋友一起唱歌，一起做游戏。

也可以这样玩

让小朋友围成一圈站，妈妈边唱歌边指点小朋友的头：“一个、两个、三个小朋友，四个、五个、六个小朋友，七个、八个、九个小朋友，十个印第安的小朋友。”

唱到最后一句时，抱起被指的小朋友转一个圈。

脚跟接脚尖走

促进平衡能力发展

益智游戏好处多

学习双脚前后交替相接前进，可以有效地提高宝宝的行走技能，让宝宝感受行走带来的乐趣，增强独立行走的信心。让宝宝从小感受挑战的乐趣能使其心态比较稳定，遇到困难不会慌乱、逃避，从容接受挑战。

- 温度适宜的户外
- 宝宝对走直线、走马路感兴趣时
- 游戏时间：5分钟

材料准备： 粉笔、2个小玩具

游戏步骤

1 在地上画出一条直线或弧线。

2 妈妈示范走直线。双脚前后相接，即用右脚跟接左脚尖、左脚跟再接右脚尖，交替前进，保持身体平衡。

3 鼓励宝宝走直线，两手平举，以保持身体平衡。

4 等宝宝熟悉后，还可以在宝宝手上放两个小玩具，要求宝宝走直线时手上的东西不能掉下来。还可以增加难度，让宝宝走弧线。

也可以这样玩

在地上画两条相距30厘米的平行线当“小河”，中间画上一些圆形当石头，让宝宝踩着“石头”过河，不能踩线。用线当界限跳来跳去也不错。

手印画
培养手部协调能力和创造力

益智游戏好处多

这个时期的宝宝动作发育更加成熟，更需要学习一些复杂、技巧性的动作。手印画游戏可以让宝宝手部动作更加协调，更加灵巧，丰富宝宝的生活，让宝宝在生活中得到更多的体验和更多经验来丰富其想象力，从而使宝宝具有超凡的创造能力。

- 光线充足的室内
- 游戏桌上
- 宝宝对色彩感兴趣时
- 游戏时间：10分钟

材料准备：几张图画纸、一盒彩色颜料、一个调色盘、几块小手大小的海绵（用来控制蘸颜色的量，没有也可）

游戏步骤

1 妈妈示意宝宝把一只小手在颜料盘里蘸上一种颜色，然后印在纸上。并让宝宝观察小手留下的痕迹。

2 让宝宝用另一只小手蘸另一种颜色，印在白纸上。

3 用纸巾把手擦干，再让宝宝随意蘸取颜料，在纸上印画。

4 妈妈也可以和宝宝一起来印画，欣赏宝宝的“大作”，让宝宝说说那些纸上的印像什么图案。

也可以这样玩

每一次游戏后，把印在纸上的小手剪下来，贴在一个不用的旧本子上，写下日期，记住宝宝涂鸦的日子，也可以引导宝宝观察小手在慢慢长大。

找字卡 锻炼认知能力

益智游戏好处多

不断强化宝宝对五官、四肢的认识，有助于宝宝增强对自身的认识，通过游戏训练还可以让他（她）更广泛地认识周围的事物，使宝宝从小建立对文字的兴趣，有助于他今后识字、阅读和写作，成为一个善于运用文字表达的人。

- 光线充足的室内
- 游戏桌上
- 宝宝对图片感兴趣时
- 游戏时间：5分钟

材料准备：写有眼睛、鼻子、嘴巴、手、脚、妈妈、爸爸、宝宝、奶奶、爷爷等字的字卡若干张

游戏步骤

1 妈妈指着自己的眼睛，告诉宝宝这是妈妈的眼睛，并出示相应的“眼睛”字卡。

2 妈妈问：“宝宝的眼睛在哪里？”让宝宝用小手点眼睛，并从若干字卡中找出“眼睛”字卡。

3 依此类推，让宝宝认识鼻子、嘴巴、手、脚、妈妈、爸爸、宝宝、奶奶、爷爷等字。

也可以这样玩

一边说歌谣，一边点宝宝的五官：“耳朵听听（点点耳朵），眼睛看看（点点眼睛），眉毛翘翘（点点眉毛），鼻子闻闻（点点鼻子），嘴巴笑笑（点点嘴）。”

飘落的树叶和纸片
感受自然

益智游戏好处多

训练宝宝快步走、踩等动作技能，提高宝宝的运动水平，增强体质。玩耍是宝宝的天性和主要生活内容，快乐的户外游戏可以让宝宝感受玩耍的愉悦，体验快乐的情绪，从而形成开朗热情的性格。

- 宽敞的室内或温度适宜的户外
- 宝宝喜欢活动时
- 游戏时间：30分钟~2小时

材料准备：彩色的纸片

游戏步骤

1 找一些彩色的纸，撕成小纸片。条件允许的话，可以把纸剪成树叶或者其他好玩的形状。

2 妈妈捡起一些纸片捧在手里，高高地举起再撒下来，说："下雨啦。"

3 让宝宝去追撒下的纸片。

4 给宝宝介绍"树叶"、"红的"、"圆的"等等。

5 让宝宝想怎么玩就怎么玩。

也可以这样玩

下雨、下雪的时候带宝宝出去趟趟水、踩踩雪，听一听小雨"沙沙"的声音和小脚踩在雪地上"咯吱咯吱"的声音吧，你想象不出宝宝会有多么快乐呢！

剥香蕉
培养生活自理能力

益智游戏好处多

鼓励宝宝自己动手，在游戏中掌握简单的生活技能，锻炼手指精细运动，体验自我服务的快乐。生活自理能力的练习会帮助宝宝成为一个独立的人。

- 光线明亮的室内
- 宝宝对自己动手感兴趣时
- 游戏时间：5分钟

材料准备：香蕉、装香蕉皮的纸篓

游戏步骤

1 吃水果的时间到了，妈妈拿出香蕉来，告诉宝宝想吃香蕉自己来剥皮。

2 妈妈鼓励宝宝尝试着自己动手剥香蕉皮，剥开后妈妈要鼓励宝宝。

3 请宝宝给妈妈剥香蕉吃，妈妈要表示感谢，亲亲宝宝的小手。妈妈要真的吃香蕉，并表现出特别好吃的表情。

4 最后，还要提醒宝宝把香蕉皮扔到纸篓里。

也可以这样玩

爸爸拿着一块糖怎么也剥不开，请宝宝来帮忙吧!宝宝用小手一点一点打开糖纸，把糖递给爸爸，爸爸一定要感谢宝宝、称赞宝宝哦!

分扑克

锻炼手眼配合和逻辑思维能力

益智游戏好处多

这个游戏通过训练宝宝对颜色、图形、数字的识别和分类能力，锻炼了宝宝手眼配合的能力，促进了宝宝整体动作的进一步发展。分类活动体现了宝宝的概括能力，是逻辑思维发展的一个重要标志，为数学逻辑智能的发展奠定了良好的基础。

● 游戏时间：10分钟　　材料准备：一盒扑克牌

游戏步骤

1 妈妈拿出一盒扑克牌并打开，给宝宝演示分类的方法。按颜色可分为红、黑两色，按花色可分为红桃、方块、黑桃、梅花 4 类。

2 妈妈找出一张红（黑）色的纸牌，让宝宝把其余红（黑）色的纸牌找出来和它放在一起。

3 妈妈分别找出红桃、方块、黑桃、梅花 4 张纸牌，让宝宝去找同样花色的纸牌。

4 教宝宝把同样花色的纸牌按照从 1~10 的顺序排好。

也可以这样玩

把牌分成两份，宝宝和爸爸一人一份，然后再根据花色或颜色分类。两个人一起找就有趣多了，还可以在两个人之间比赛，妈妈当裁判，胜者有奖品。

装直尺
增强分析能力和意志力

益智游戏好处多

宝宝对物体形状的感知需要多种分析系统的协同活动，这个游戏让宝宝感知、触摸、尝试，逐渐形成对图形的准确知觉，同时培养宝宝的注意力、观察力，使宝宝的好奇心和主动性得到激发。行动过程中的坚持性，是宝宝意志发展的主要指标。

- 光线明亮的室内
- 地板或游戏毯上
- 宝宝对自己动手感兴趣时
- 游戏时间：直到问题解决为止

材料准备：一个装羽毛球的纸筒或者薯片筒、几种小玩具（大小能装进纸筒里）、一把直尺

游戏步骤

1 让宝宝把玩具装进筒里。当装到尺子的时候，如果横着装，会遇到困难，观察宝宝的反应。

2 妈妈要给宝宝足够的时间尝试，若宝宝试着装了几次都不能装进去，你可以提示宝宝尝试竖着换种方法装。

3 当宝宝装好后，告诉宝宝为什么要竖着装。

4 找一个其他的长条玩具，看看宝宝是否能运用经验把它装进去。

安全提示

不要给宝宝笔、筷子等带尖的物品玩儿，以免发生危险。

勇敢的小伞兵
建立自信

益智游戏好处多

跳跃运动对骨骼、肌肉、肺及血液循环系统都是一种很好的锻炼，从而使宝宝长得更高、更壮、更健康。跳跃还能够增强宝宝的免疫力。宝宝这个时候可以独自行走、独立完成跳跃等有难度的动作，自我意识大大提高，从而建立起自信心。

- 家里
- 宝宝对蹦跳感兴趣时
- 游戏时间：5分钟

材料准备：凳子一把

游戏步骤

1. 让宝宝站到凳子上面双脚往下跳。
2. 在户外找一个有小台阶的地方，让宝宝从台阶上跳下来。
3. 根据宝宝运动的发展情况，适当增加台阶的高度。

也可以这样玩

妈妈站在距离床30厘米处，伸开双臂，宝宝从床的中间起跑，跑到床头起跳，扑到妈妈的怀里，妈妈顺势接住宝宝。

小风车，转转转
感知自然

益智游戏好处多

风是无形的，通过风车的转动让宝宝感知风的形态和力量，丰富自身对自然现象的感受，可有效促进宝宝自然感知智能的发展。大自然的神奇特别容易吸引宝宝的注意力，激发其好奇心，从而表现出极大的探索欲望。

- 温度适宜的户外
- 宝宝兴致较高时效果更好
- 游戏时间：5分钟

材料准备：一张硬卡纸、胶水、图钉、大头针、筷子

游戏步骤

1 把正方形的卡纸分别对角折。用剪刀沿着对角线剪至三分之二处。

2 将4个角折至中心，并用胶水固定，用图钉和大头针把风车固定在筷子或小木棍上。

3 让宝宝拿着风车摆动、跑动，看看什么时候风车才会转。

4 让宝宝说说风在哪儿。

也可以这样玩

用彩纸做成三角形和长方形的旗子，固定在筷子或小木棍上，让宝宝感知风吹动的方向。

益智游戏好处多

通过游戏的方式，让宝宝学会穿裤子的方法，锻炼宝宝的四肢灵活性和整体动作协调性，提高宝宝的生活自理能力。适时让宝宝做一些力所能及的事情，有助于帮助他们树立自信心和培养自立精神，推动综合智能的提升。

- 家里的床上
- 宝宝表现出自己动手的欲望时
- 游戏时间：5分钟

材料准备：一条宝宝喜欢的裤子

游戏步骤

1 妈妈给宝宝穿裤子。先穿一条裤腿，说："火车进山洞啦。"

2 再穿另一条裤腿，说："哎呀呀，我迟到啦。"

3 也可以把两条腿穿进一条裤腿中，说："哎呀呀，撞车啦。"赶忙抽回一条腿，穿进另一条裤腿中。

4 让宝宝按照前两步自己练习穿裤子。

也可以这样玩

妈妈和宝宝一起比赛，看看谁穿得快。

假装开车
充分发挥想象力

益智游戏好处多

一只大一点的箱子能做什么呢？加点颜料，发挥你的想象力，宝宝就能有一辆属于他自己的小汽车了。这个游戏会让宝宝十分喜欢，在玩的过程中也能够充分发挥他的想象力，对于粗大运动机能的掌握也有很好地促进作用。

- 开阔的室内空间
- 宝宝对游戏充满热情时
- 游戏时间：10分钟

材料准备： 一只大得足以放进宝宝身体的纸箱、颜料或水彩笔

游戏步骤

1 拆去箱子的盖子和箱底，其他四面原封不动。

2 用颜料或水彩笔在箱子上画上汽车的细节图案，如车门、头灯、尾灯、车窗及轮子等。可以帮汽车加一张脸，这样会令宝宝更感兴趣。可以让宝宝参与装饰。

3 在箱子两侧各打两个洞，大小以让宝宝双手可以伸进去为宜，让宝宝有地方可以抓紧。

4 让宝宝踏进“车”里，在房间内四处跑，假装是在开车。

也可以这样玩

你可以等他转了一圈回来时说：“妈妈要去市场，宝宝带上妈妈吧。”假装坐进汽车里，和宝宝一起开车去市场。

安全提示

用胶带把箱子四周的切口包起来，这样箱子边缘会比较平滑，而且容易拿。从前端到后端绑两条绳子，做成肩带，就可以将箱子挂在宝宝肩膀上，他也就不需要提着箱子了。

惊喜盒子
感受期待与惊喜

益智游戏好处多

善于探索未知世界是宝宝的天性，勾起他的探索欲望，会令他对接下来的游戏充满期待。这个游戏让宝宝猜个不停，能充分调动宝宝解决问题的能力，并初步培养分类能力和排序能力。

- 地板或游戏毯上
- 宝宝注意力较集中时
- 游戏时间：5分钟

材料准备： 不同尺寸的各种盒子，可以两两相套的小玩具

游戏步骤

1 把一个小玩具或好玩的东西放在最小的盒子里，让宝宝在游戏最后发现它。

2 盖上小盒子的盒盖，把它放进一个较大的盒子里，再盖上外层盒子的盖子。继续按顺序把盒子放在较大的盒子里，直到放进最大的盒子里。

3 给宝宝看这个大盒子。问他："里面有什么？"然后协助他打开盒子。

4 当宝宝看到下一个盒子的时候，说："又一个盒子！"把这个盒子从较大的盒子里拿出来，接着请宝宝打开盒盖。

5 一直玩到宝宝拿到最小的盒子为止，然后让宝宝打开这个惊喜盒子！

也可以这样玩

让宝宝试着依照盒子大小顺序把它们照原样放回去。

安全提示

盒子要容易打开，使宝宝可以自己完成这件事，而不会受到太大的挫折。

摸一摸，猜一猜

记忆识别

益智游戏好处多

有效、准确的观察力是宝宝学习一切知识和技能的基础，生活中有意识地培养这种能力将能促进宝宝学习能力的提高。这个游戏实际是对宝宝记忆能力的一种锻炼，宝宝只有在熟识记忆的基础上才能通过触摸来辨别熟悉的物体，通过游戏可以进一步强化宝宝的记忆力。

- 光线明亮的室内
- 地板或游戏毯上
- 宝宝对玩具感兴趣时
- 游戏时间：10分钟

材料准备： 布袋1个，图书、牙刷、杯子、布娃娃等宝宝熟悉的物品

游戏步骤

1 先将所有的物品摆出来让宝宝看一看，摸一摸，让宝宝说说它们是什么。

2 拿走所有的物品，并取一个物品放在布袋里面，让宝宝伸手进袋子里摸一摸里面的东西，并说出是什么。

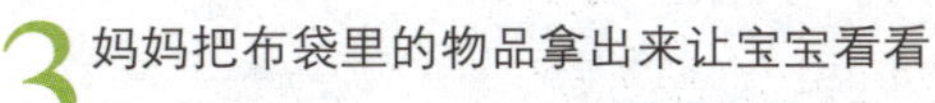

3 妈妈把布袋里的物品拿出来让宝宝看看。

4 如果宝宝说对了，妈妈要装作惊讶地问宝宝是怎么猜中的，鼓励宝宝简单说出理由，也可以帮他说出理由，比如牙刷是长长的，布娃娃是软软的。

也可以这样玩

随着触觉分辨能力的提高，你还可以在同样的物品中选一个放在口袋内，选取多个放在另一个口袋内，让宝宝触摸分辨数目是多少。

安全提示

要避免放进有尖角的东西，以免扎着宝宝。也不要放宝宝不太熟悉的物品，宝宝摸着的时候有可能吓着。

0~3岁宝宝
益智
亲子游戏

在模仿中学习

宝宝现在越来越像个小大人，他不需协助就可以完成许多事情，只是力量和耐力不足。这个阶段的宝宝会想要模仿大人做事，你可以让他在洗衣服、打扫、做饭等家务上帮你。此外，每天让宝宝完成一点属于他自己的小工作，能让他建立成就感和自信。

这个时期的宝宝已经能握住水彩笔、蜡笔或铅笔，并随心所欲地画画了，为他准备好大张的纸和大尺寸的写字簿，会令他格外开心。不要指导他画什么，只要喜欢就行。

对这个年纪的宝宝来说，语言是一种有趣的工具，唱歌、押韵游戏、滑稽的笑话，或是扮演喜欢的故事书中的角色都是宝宝喜欢的游戏。提供大量的绘本给你的宝宝自己“读”，可为他提供想象、发展语言的技巧以及独立思考的机会。

分豆豆

锻炼逻辑思维和概括能力

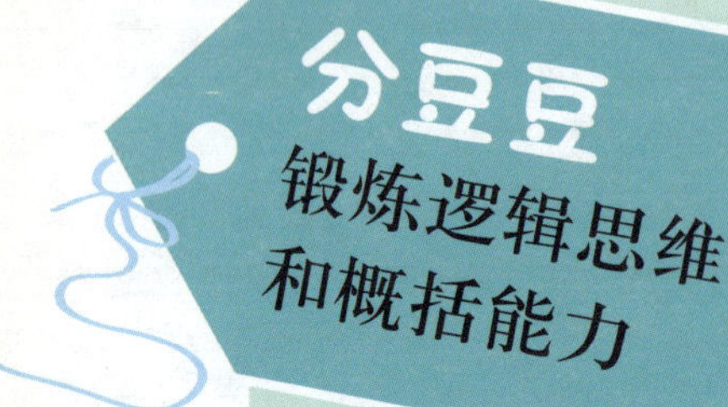

益智游戏好处多

分类能力的发展是逻辑思维发展的一个重要标志。通过游戏强化宝宝的分类意识，可以为其今后的数学学习奠定基础。宝宝按照一定要求进行分类，很好地锻炼了他的逻辑思维和概括能力，潜移默化之中培养了他做事的条理性和规律性。

- 光线明亮的室内
- 地板或游戏毯上
- 宝宝对自己动手感兴趣时
- 游戏时间：5分钟

材料准备： 红豆、黄豆、绿豆、黑豆各7颗，水彩调色盘一个

游戏步骤

1 妈妈先将各种豆子混在一起，装在调色盘中央的格子中。

2 请宝宝将豆子一颗颗拣出来，按照颜色分类摆在调色盘外围的格子里。

3 边拣边说儿歌：“红豆豆、绿豆豆，我们一起数豆豆，一二三，三二一，一二三四五六七。黄豆豆，黑豆豆，我们一起数豆豆，一二三，三二一，一二三四五六七。”

4 摆好后，妈妈告诉宝宝每种豆子的名称和日常食用方法，例如，绿豆汤、豆沙包、豆浆、豆腐、豆粥等。

也可以这样玩

和爸爸妈妈一起去大自然中，把落叶捡回来，按照颜色和形状分类。

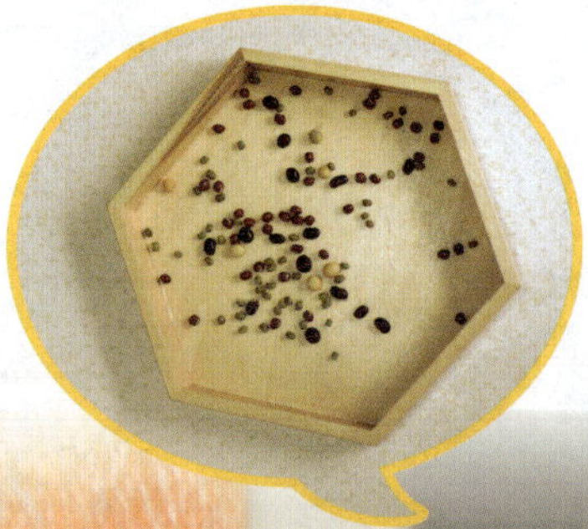

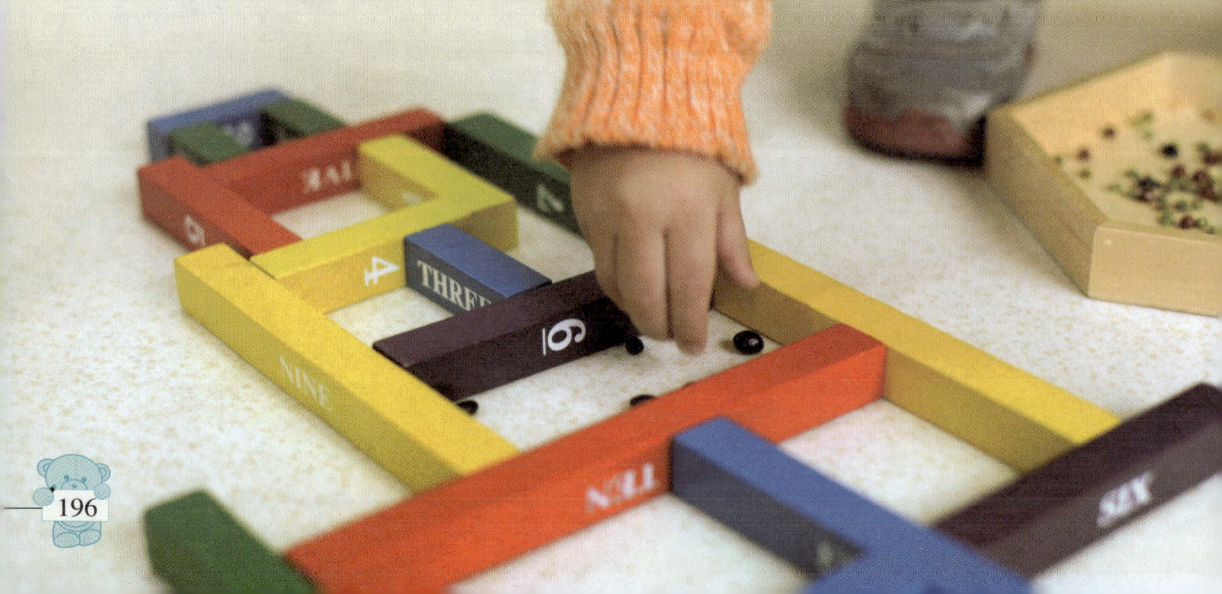

益智游戏好处多

归类技能的发展是宝宝思维能力的基础，通过游戏，可以提高宝宝将事物进行分类的的意识，促进智力的发展。抽象的概括思维能力是智力的核心部分，要想宝宝聪明，从小就要培养他的思维能力。

- 游戏桌或游戏毯上
- 宝宝注意力比较集中时
- 游戏时间：5分钟

材料准备：准备一些动物、水果、蔬菜的图片，如老虎、猴子、西瓜、白菜等，三个纸盒，分别标出动物、蔬菜、水果

游戏步骤

1 给宝宝看以上图片，让宝宝一一说出它们的名称。宝宝说名称的时候引导宝宝说出它们的类别，比如，宝宝说这是老虎，妈妈问：“老虎是动物还是植物呢？”

2 然后，引导宝宝把图片中的动物放在一起，水果放在一起，蔬菜放在一起。

3 刚开始的时候要逐渐让宝宝领会妈妈的意图，找到游戏的规律，再按照规律来进行游戏。

也可以这样玩

妈妈把所有图片放在一起，然后随意抽出一张，让宝宝说出该图片所属的类别。

摸摸看
感受物品的形状

益智游戏好处多

父母总是经常会要求宝宝："不要摸!"其实，宝宝天生就喜欢通过触摸来认识世界。所以，不如提供一个机会。在这个游戏里，你可以改口对他说："摸摸看!"这对他的认知能力、探索能力、想象力、感官能力的发展都有很好的促进作用。

- 宝宝注意力较集中时
- 游戏时间：5分钟

材料准备： 6个小纸袋、6种不常摸到的东西

游戏步骤

1 在每个纸袋里放一种手感特别的东西，如绒球、黏土、海绵、棉花团、刷子等等。把袋口封好，放在地板上。

2 让宝宝坐在袋子旁边。打开其中一个袋子，让宝宝把手伸进袋子里，可是不能往里面看。如果宝宝不愿意把手伸进去，你可以先示范一下。

3 问宝宝感觉到有什么，看看他能不能猜出那个东西。

4 如果他猜不出来，把你的手放进袋子里，把里面东西的手感描述给宝宝听。

5 如果他还是猜不出来，就把东西拿出来看看再说出名称。

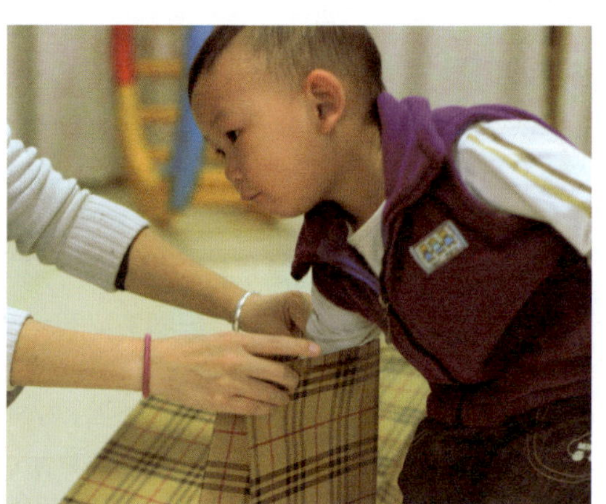

也可以这样玩

把各种食物放在袋子里，让宝宝摸一下，猜猜它们是什么，然后吃掉。

智力直通车

用手去探索一个未知的事物，对宝宝来讲是一种很大的挑战，这个游戏比前面做的"摸一摸猜一猜"游戏难度要大，对于想象力的要求也要高一些。

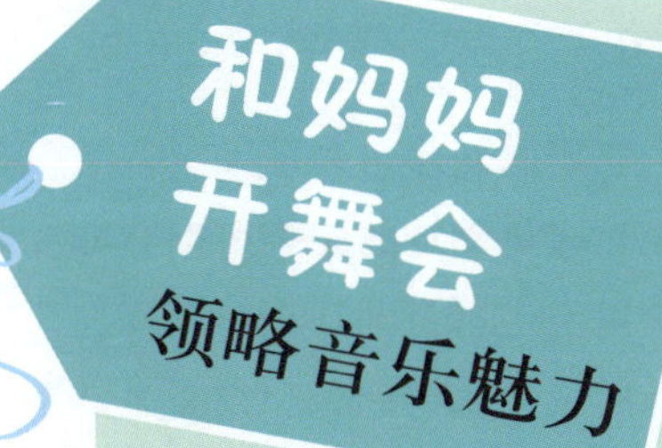

和妈妈开舞会 领略音乐魅力

益智游戏好处多

这个游戏能够提高宝宝感受、辨别、记忆和表达音乐的能力，同时也促进了宝宝对声音的敏感性，也促进了记忆力、注意力的发展。丰富多彩的音乐活动，能使宝宝情绪愉快，形成良好的性格和意志品质，对于他们以后的人际交往和自制自省能力都有帮助。

- 空间较开阔的室内
- 宝宝听到音乐就蹦蹦跳跳时
- 游戏时间：10分钟

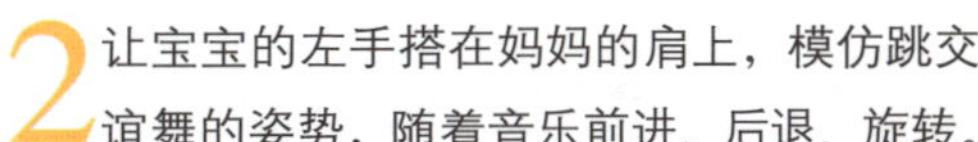

材料准备：《青春友谊圆舞曲》、《友谊地久天长》等舞曲或者妈妈自己来哼唱

游戏步骤

1 播放音乐，妈妈站在地上，宝宝站在床上，妈妈右手搂着宝宝，左手抓住宝宝的右手。

2 让宝宝的左手搭在妈妈的肩上，模仿跳交谊舞的姿势，随着音乐前进、后退、旋转。

3 妈妈带动宝宝跳，示意宝宝做一些摇头、旋转、踢腿的动作。不要要求宝宝的动作准确，只要合上节拍即可。

也可以这样玩

爸爸和妈妈随着音乐跳交谊舞，增加宝宝的直观感受，宝宝会蹦蹦跳跳地也跟着跳的。

说一说，我是谁

提高表达能力

益智游戏好处多

认识动物和它们的叫声可以帮助宝宝增加对这些动物的认识，模仿动物的叫声可以锻炼宝宝的发音能力。应用宝宝自身的知识对声音进行判断，可以提高他的形象思维能力和判断力，为宝宝建立自信心。

- 随时随处
- 游戏时间：5分钟

材料准备：无需任何材料

游戏步骤

妈妈：汪——汪，宝宝在家吗？猜猜我是谁？

宝宝：你是狗狗。

妈妈：你真聪明，我们做个好朋友吧。

妈妈：你听听我是谁？喵——喵——

宝宝：你是小猫。

妈妈：猜对啦，我们做个好朋友吧。呷呷呷，我又是谁呀？

宝宝：你是小鸭子。

妈妈：宝宝真棒，我们做个好朋友吧。

游戏可以根据宝宝的兴趣进行下去，等宝宝都熟悉了，可以让宝宝学着模仿，妈妈来猜。

也可以这样玩

爸爸模仿动物叫声，妈妈和宝宝一起猜。

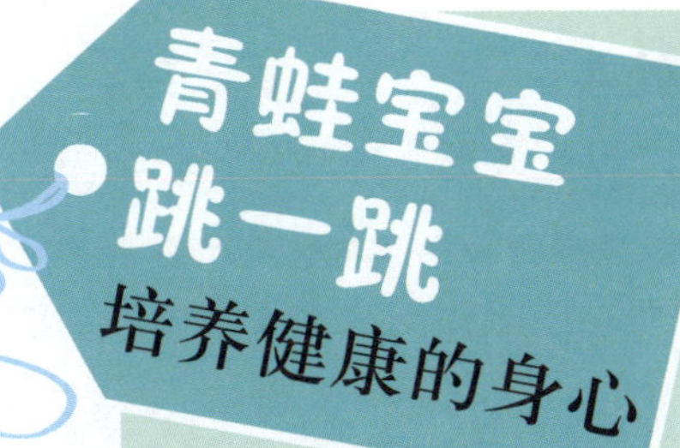

益智游戏好处多

这个时期的宝宝已经能够双脚离地蹦跳了，让宝宝多练习可以使宝宝熟练掌握蹦跳动作，增强宝宝的体力，强化宝宝的运动能力。运动游戏可以锻炼宝宝的意志，提高免疫力，也可以使宝宝情绪愉悦，从而使宝宝获得健康快乐的身心。

- 地板或游戏毯上
- 宝宝对活动感兴趣时
- 游戏时间：5分钟

材料准备： 无需任何材料

游戏步骤

1 爸爸和妈妈面对面坐下，两腿伸开，脚底与脚底相抵，形成一个菱形的“小池塘”。

2 宝宝就是一只快乐的小青蛙，让宝宝一会儿在池塘里游泳，一会儿从池塘里跳进跳出。

3 也可以在地面上画出一个圆形的池塘，爸爸妈妈和宝宝一起跳跃。

也可以这样玩

宝宝和妈妈分别扮装兔宝宝、兔妈妈，一起蹦蹦跳跳地采蘑菇、挖萝卜。

益智游戏好处多

跳跃是宝宝很爱做的一种动作，把简单的跳跃变成有意思的游戏，不仅能培养宝宝热爱运动的良好习惯，还能提高宝宝大肌肉运动能力的发展。

- 空旷的场地
- 宝宝兴致较高时效果更好
- 游戏时间：5分钟

材料准备： 粉笔

游戏步骤

1 和宝宝一起在空旷的场地上画一些圆圈，每一个圈圈的大小以可以让两个宝宝站立为准，另外，最后一个圈圈要绕回到第一个圈圈。

2 在起始的圆圈上做一个记号，可以先让宝宝从开始的圈圈出发，顺着回旋的方向跳向另外一个圈圈。

3 在宝宝可以较好地在圈圈之间跳动以后，你可以和宝宝一起跳，一个人跳，一个人追。

也可以这样玩

在圈圈里依次写上数字，妈妈说一个数字，让宝宝跳到那个数字的圈圈里。过一会儿换成宝宝说妈妈跳，宝宝会觉得游戏更有意思。

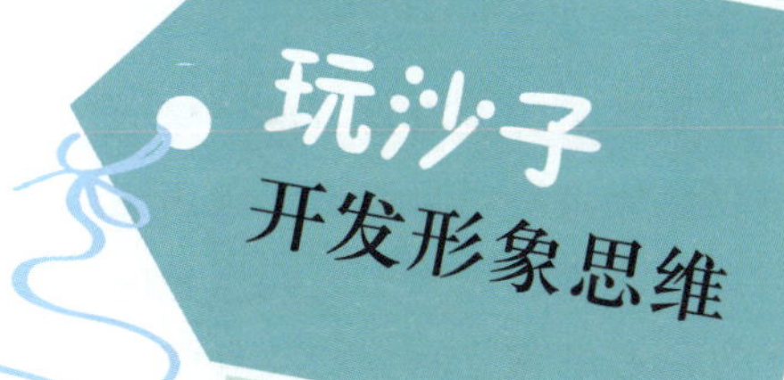

玩沙子 开发形象思维

益智游戏好处多

在游戏过程中宝宝的手部可以随意活动，并经由脑部传输的信息来操作手中的工具，可以促进手眼的协调性和动作的准确性。想象对人类的创造性活动有着重要意义，游戏过程中的自由想象有助于宝宝形象思维的发展。

- 温度适宜的户外
- 游戏时间：20分钟

材料准备：小铲子、小桶、小水壶等玩沙玩具

游戏步骤

1 风和日丽的日子，带宝宝到郊外或附近的地方玩沙子或泥土。爸爸可以指导、帮助宝宝。

2 找一些石子铺设一条小路，在“小路边”挖一条“小河”，找一些树枝当作小树栽种在“河边”，浇上水，让小树快快长大。

3 爸爸妈妈要多多开动自己的脑筋，给宝宝提出一些需要完成的任务。宝宝的目标明确，玩起来就会十分投入。随着年龄的增长，宝宝也会有自己的创意，自己的玩法。

也可以这样玩

玩水也是宝宝的天性，洗澡的时候给宝宝准备一些玩具，把水倒来倒去的过程也是一种体力和脑力的锻炼。

安全提示

如果是在夏季，户外活动应注意不要在炎热的时候。宝宝新陈代谢旺盛，极易因出汗而导致发痱子，如果受到感染，会变成痱毒。

如果是宝宝们在一起玩沙子，要禁止宝宝们用沙子互相打闹，以免迷眼。

自我介绍
沟通和社交能力的培养

益智游戏好处多

练习自我介绍是基于宝宝对自身的了解之上，这个游戏可以让宝宝将对自己的了解用语言表达出来，锻炼语言表达能力。自我意识的培养有助于宝宝自信心的建立和社会交往能力的发展。

- 随时随地
- 宝宝说的欲望较强烈时
- 游戏时间：10分钟

材料准备：准备宝宝平时熟悉的毛绒玩具若干

游戏步骤

1 妈妈拿起一只小兔子玩具，模仿兔子的声音说："我是小白兔，长长的耳朵，红眼睛，我喜欢吃萝卜和青菜，还喜欢蹦蹦跳跳。"

2 让宝宝来自我介绍，请宝宝说出自己的姓名、年龄、自己的长相和自己喜欢什么。

3 妈妈和玩具坐在下面当听众。妈妈可以用笔记下宝宝说的话，然后念给宝宝听。

也可以这样玩

这个游戏也可以在家里来了客人时进行，让宝宝把平时练习的自我介绍表演给客人听。

安全提示

宝宝容易被毛绒玩具携带的细菌感染引发皮肤过敏、哮喘和一些呼吸道疾病，有过敏体质的宝宝最好不要玩毛绒玩具。长毛绒玩具最容易隐藏细菌，即使是合格产品。

边唱边指
训练反应能力

益智游戏好处多

这个游戏既可帮助宝宝学习唱歌，又可以促进身体各部位的协调能力，进一步刺激大脑神经系统的发展。准确、快速的反应能力来自于对身体以及大脑的潜能开发，能使宝宝将来更适应社会的需要。

- 随时随地
- 游戏时间：10分钟

材料准备：无需任何材料

游戏步骤

1 妈妈先带宝宝一起认一认身体的各个部位，如鼻子、耳朵、眼睛、胳膊、腿等。

2 和宝宝一起边唱《两只老虎》一边做动作。唱到相应的部位时用手指着身体相应的位置。

也可以这样玩

也可宝宝唱，爸爸来做动作，互动的效果会更好。爸爸的动作可以夸张一些，活跃家庭气氛。

彩绳找朋友
强化颜色识别和手眼协调

益智游戏好处多

宝宝通常会对鲜艳的色彩感兴趣。这个游戏可以帮助宝宝辨认红、黄、蓝三种颜色，体验按颜色分类，加强宝宝对颜色的区别认识，还能锻炼宝宝手眼协调的能力。

- 宝宝注意力较集中时
- 游戏时间：10分钟

材料准备：红、黄、蓝三种颜色，形状不同的大孔珠子（每种颜色多个）、红、黄、蓝三种颜色的彩绳各1根、小盘子1个

游戏步骤

1 出示彩绳和珠子，请宝宝观察珠子和绳子的颜色，告诉宝宝要将珠子穿在与其颜色一样的绳子上。

2 让宝宝自己穿珠子。

3 鼓励宝宝穿完盘中的全部珠子。在穿珠子的过程中，引导宝宝说一说珠子的颜色，当宝宝没有按绳子的颜色穿珠子时，不要立刻指出或要求马上改正，要等一等，宝宝也许自己会发现并改正，或用语言及动作给孩子一些暗示。

也可以这样玩

在日常生活中，可以引导宝宝辨认颜色，如“请把那条蓝色的毛巾递给妈妈”，“坐上这把黄色的椅子很舒服吧”等，使宝宝在自然的状态下识别颜色。

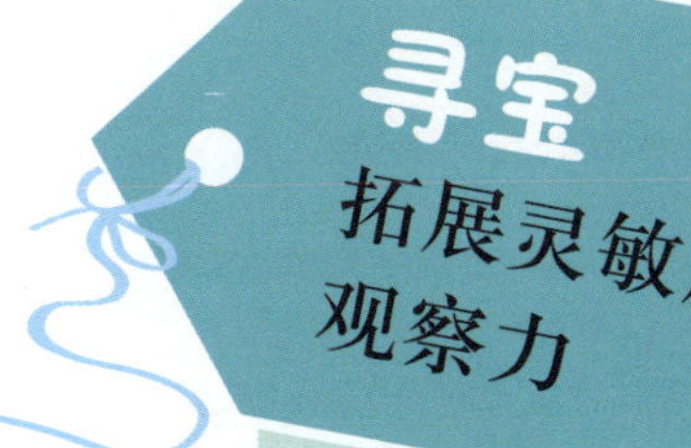

寻宝
拓展灵敏度、观察力

益智游戏好处多

通过这个游戏，可以培养宝宝动作的灵敏度，提高四肢、眼睛、手等各个器官的配合能力。观察力的发展，对于宝宝获取知识、认识世界及形成良好的心理品质有着极其重要的作用。

- 光线明亮的室内
- 宝宝兴致较高时效果更好
- 游戏时间：10分钟

材料准备：宝宝平常玩的玩具若干、大塑料筐一个

游戏步骤

1 将家中的桌椅橱柜当作大森林，把宝宝的玩具藏在椅子下面、沙发背后、橱柜里面。

2 宝宝和爸爸妈妈当作寻宝队员，拿着大筐来找宝藏。

3 宝宝和妈妈在前面找，爸爸跟在后面。找到一个玩具后，就由宝宝把玩具扔到爸爸的筐里去，再去找其他的玩具，直到把玩具都找到。

也可以这样玩

和爸爸妈妈去郊游时，可以选择采摘活动，让宝宝亲自去采摘水果、蔬菜，既锻炼了动手能力，又加深了对大自然的感知。

抓海绵 激发探索欲

益智游戏好处多

这个时期的宝宝已经可以用手抓握东西了，这个游戏可以提高宝宝的抓握能力，增强手部力量以及动作的灵活性。生活中的一切对宝宝来说都充满了神秘，宝宝的好奇心就是探索知识的基础，多样化的刺激可以激发宝宝的探索欲。

- 天气较暖或宝宝洗澡时
- 游戏时间：10分钟

材料准备： 海绵一块、小塑料盆或桶一个

游戏步骤

1 给宝宝一块海绵，浸入水中。

2 海绵吸足水后，让宝宝用手轻轻抓握海绵并提起，移到小盆里，用力把水挤出。

3 反复进行。

也可以这样玩

还可以让宝宝比较干毛巾与湿毛巾在重量上有什么不同，感受水与物体的关系。

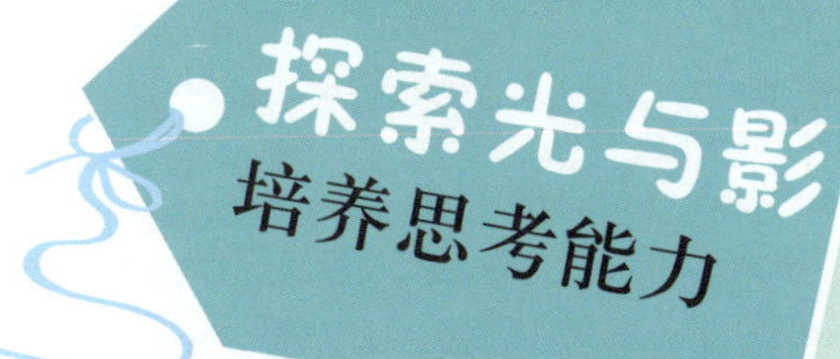

益智游戏好处多

通过游戏，宝宝不仅对光与影的因果关系有了初步的思考，还增长了自然知识，提高了语言表达能力。凡事喜欢问问“为什么”并努力去寻找答案，可以培养较强的逻辑思维能力和严谨的学习态度。

- 天气晴朗、温度适宜的户外
- 宝宝兴致较高时效果更好
- 游戏时间：10分钟

材料准备：无需任何材料

游戏步骤

1. 站在阳光下，让宝宝观察一家人的影子，说说每个人影子的大小，为什么。
2. 让宝宝跳一跳，看看自己的影子有什么变化。
3. 让宝宝左右晃一晃，看看自己的影子有什么变化。
4. 找一个阴凉处，问问宝宝影子为什么不见了。引导宝宝说出影子与太阳的关系。

也可以这样玩

在户外，可以引导宝宝看看建筑物的影子、大树和小树的影子，看看风吹动时，地上的影子是不是也在晃动。

我来演，你来猜
提高语言表达能力

益智游戏好处多

随着年龄的增长，宝宝已经掌握了一些生活常识，这个游戏可以培养宝宝的语言表达能力和想象力，促进其语言智能的发展。随着能力的增长，宝宝已开始喜欢各种挑战，并从中获得自信，提高自身的适应能力。

- 光线明亮的室内
- 宝宝对自己动手感兴趣时
- 游戏时间：10分钟

材料准备：一些日常生活用品，如杯子、毛巾等

游戏步骤

1 妈妈做洗脸动作，拿起毛巾假装擦脸。

2 让宝宝猜一猜妈妈在做什么，并且用语言表述出来。

3 如果宝宝猜对了，妈妈可以接着表演“喝水”，把杯子放在桌上，拿起来喝，假装不小心把水洒在桌子上，用抹布擦桌子，请宝宝猜一猜妈妈在做什么。

4 让宝宝表演动作，妈妈来猜。

爸爸来参加

爸爸做一些难度大的动作，让宝宝和妈妈一起猜。

大家一起弯弯腰

提高自我认知

益智游戏好处多

这个时期，宝宝的语言能力和动作能力都在不断发展中，开始有了节奏感。这种富有节律的游戏可以让宝宝感受节奏，发展小肌肉动作。通过游戏可以同时认识5个手指并比较它们之间的不同，提高宝宝自我认知能力，增强自信心。

- 随时随地
- 宝宝对自己的小手感兴趣时
- 游戏时间：10分钟

材料准备：一些不干胶小贴画

游戏步骤

1 在宝宝的手指上分别贴上小熊维尼、兔子瑞比、跳跳虎、小猪的不干胶贴画。

2 把小手伸出来，跟着儿歌一起活动。一边说歌谣，一边动动手指：

小熊小熊弯弯腰，小兔小兔弯弯腰，
小虎小虎弯弯腰，小猪小猪弯弯腰。
一二三四五，大家一起弯弯腰。

3 每个手指弯曲后都要马上伸直，念到最后一句时，可以让宝宝的手指多弯曲几次。

也可以这样玩

用水彩笔在手指上写上数字，把歌谣改成如下：

老大老大弯弯腰，老二老二弯弯腰，
老三老三弯弯腰，老四老四弯弯腰，
老五老五弯弯腰。一二三四五，
大家一起弯弯腰。

搭积木塔

培养数学能力

益智游戏好处多

通过引导使宝宝形成分类、集合、比较等概念。早期数学能力影响着宝宝思维和认知能力的发展，数学能力在个体生存和发展过程中具有极其重要的意义。

- 光线明亮的室内
- 地板或游戏毯上
- 宝宝对自己动手感兴趣时
- 游戏时间：15分钟

材料准备： 4个红色积木、5个黄色积木、6个蓝色积木

游戏步骤

1 将积木混合在一起。告诉宝宝："这里有很多积木，我们将相同颜色的积木放成一堆，因为他们是好朋友。"

2 待宝宝将积木分好后，问宝宝："哪种积木最多？""哪种积木最少？"让宝宝清楚地说出"蓝色的最多"或者"红色的最少"。

3 和宝宝分别数一下每种颜色的积木都有几个。

4 比较红积木和黄积木的数量，告诉宝宝："黄积木比红积木多'1'。"再比较黄积木和蓝积木的数量，告诉宝宝："蓝积木比黄积木多'1'。"指导宝宝"1"的概念。

也可以这样玩

和宝宝一起搭积木，将蓝色的搭在最下层，红色的搭在最上层，然后数一下各种颜色的积木分别有几个，哪个多，哪个少。

上下左右 学习方位概念

益智游戏好处多

在上、下、左、右等基本方位中，宝宝对上下方位的理解相对比较容易，这个游戏通过让宝宝摆放物品，并结合语言和动作来理解上和下的概念。准确理解是宝宝语言智能发展到一定水平的体现，理解能力的提高也有助于与他人的配合与协作。

- 光线明亮的室内
- 地板或游戏毯上
- 宝宝对自己动手感兴趣时
- 游戏时间：15分钟

材料准备： 各种颜色和形状的积木块

游戏步骤

1 让宝宝随意配搭积木。

2 如果宝宝总搭不好，妈妈可以稍加帮助。如“黄色三角形的积木在红色长方形积木的上面还是下面”“绿色方形积木的下面是什么”等等。

3 妈妈让宝宝按照示范把积木叠放起来，如“把红色长方形积木放在黄色三角形积木的下面”“把两个方形积木放在半圆形积木的下面”等等。

也可以这样玩

把宝宝的玩具按照上、下、左、右摆开，让宝宝说说，谁在谁的上面，谁在谁的下面，谁在谁的左边，谁在谁的右边。

龟兔赛跑 塑造健康人格

益智游戏好处多

有目的地奔跑可以锻炼宝宝的奔跑技能和水平，提高宝宝的运动兴趣，锻炼身体，提高体能。喜欢大自然的宝宝往往具有乐观向上的精神状态、热情开朗的性格，能够适应集体生活，为未来的成长奠定良好的心理基础。

- 温度适宜的户外
- 空旷的场地
- 宝宝喜欢自由奔跑时
- 游戏时间：15分钟

材料准备： 无需任何材料

游戏步骤

1 爸爸妈妈带上宝宝去郊游。选择林中的空地，让宝宝自由地滚爬、奔跑、追逐。

2 以大树为终点，玩龟兔赛跑的游戏。宝宝和爸爸分饰角色，装扮小白兔的跑到半路睡觉了，乌龟坚持爬，一直爬到大树下，成为优胜者。

3 互换角色，再玩儿一次。

也可以这样玩

还可以让宝宝选择一棵大树，以此为终点，跑过去，摸一下大树，再跑回来。妈妈和宝宝比赛，一起跑过去，看谁先跑回来。

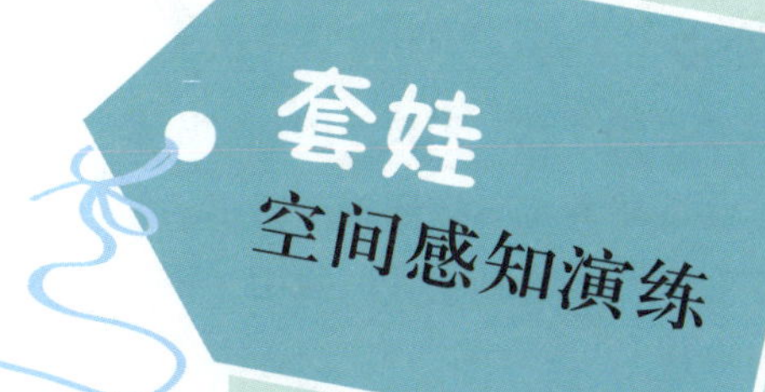

套娃

空间感知演练

益智游戏好处多

套叠玩具非常适合这个年龄段的宝宝。在游戏过程中，既锻炼了手眼协调能力，又让宝宝学会了大小顺序。在聚精会神的尝试过程中，既可培养宝宝的专注能力，又可强化宝宝的空间感知能力，为今后发展数学能力打下基础。

- 光线明亮的室内
- 地板或游戏毯上
- 宝宝对自己动手感兴趣时
- 游戏时间：10分钟

材料准备： 一组能按大小次序拆开或套上的套娃玩具（或套碗、套杯）

游戏步骤

1 妈妈先将套娃拆开，按大小次序将套娃摆成一排。

2 再由小到大，将套娃一个个套回原样，成为最初的一个大套娃。

3 指导宝宝拆开并按顺序套叠，直到宝宝能独立操作。

4 游戏结束时，要求宝宝将套娃恢复原状，放回原位。

也可以这样玩

平时宝宝涂鸦后，让宝宝把相同颜色的笔杆和笔帽插在一起。既培养了宝宝收拾玩具的好习惯，也锻炼了宝宝对色彩的认识能力和小手的操作能力。

推球入门 按指令行事

益智游戏好处多

按照指定路线推动小球，不仅能锻炼宝宝的运动协调能力，还能培养宝宝按照指令行事的能力。将认识数字和颜色的活动融入游戏中，可以提高宝宝的学习兴趣。

- 较大的室内空间
- 游戏时间：根据宝宝兴趣持续时间而定

材料准备：干净、轻便的扫帚一把，红、黄、绿色的球若干，写有数字的纸片若干

游戏步骤

1 把玩具球放在客厅，用两把椅子摆成一个球门。

2 让宝宝拿着扫帚，把球一个一个推到球门中去。

3 也可以让宝宝根据妈妈的指令把球推到其他房间去。

4 妈妈将写有数字的纸片分别贴在球上，让宝宝根据妈妈的指令按照数字把球推入球门。

也可以这样玩

妈妈根据球的颜色来发出指令，让宝宝推球入门。

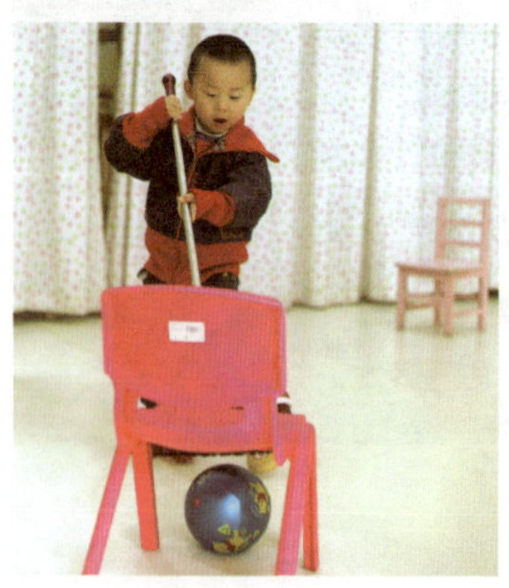

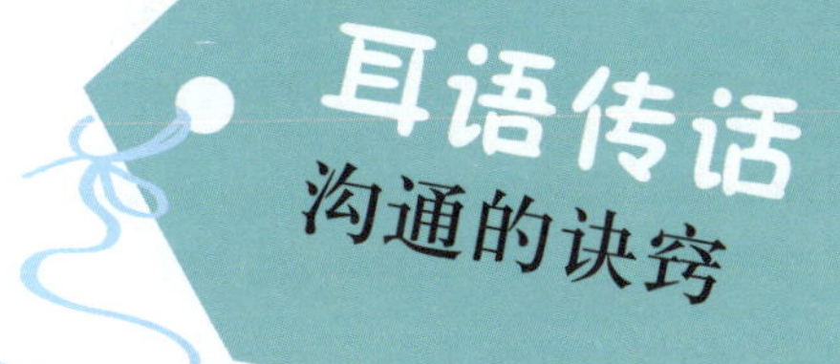

益智游戏好处多

这个游戏有助于宝宝听力的训练，将听到的指令记住并传递给别人，同时又是一个强化记忆力，提高宝宝有意识记忆能力的过程，对宝宝语言智慧的发展、与人交往能力的提高都是很好的锻炼。

- 光线明亮的室内
- 游戏时间：10分钟

材料准备：一本英语书、一件衣服或靠垫等

游戏步骤

1 爸爸妈妈分别到两个房间里，爸爸在宝宝耳边轻轻说："告诉妈妈，爸爸要一本英语书。"

2 宝宝来到妈妈身边，将爸爸的话小声告诉妈妈，妈妈按照宝宝的要求把所需物品交给宝宝。

3 宝宝拿回的东西如果是正确的，爸爸不要忘了夸奖宝宝，然后换一个要求，重新开始游戏。

4 宝宝拿回的东西如果是错误的，则要告诉宝宝，这不是爸爸刚才要的东西，然后再将要求小声重复，让宝宝再去告诉妈妈。

也可以这样玩

也可以让宝宝学话，妈妈在宝宝耳边轻轻说："妈妈爱宝宝（或宝宝的名字），妈妈也爱爸爸。"然后宝宝趴在妈妈耳边悄悄说："我爱妈妈，我也爱爸爸。"

你拍一 我拍一

锻炼动作配合能力

益智游戏好处多

这个游戏可以锻炼宝宝与妈妈动作配合协调能力，也是训练宝宝对他人行为作出积极回应的能力。合作是与人交往的一个重要内容，独生子女常常不会合作，所以合作能力的培养就越显重要。

- 随时随地
- 游戏时间：10分钟

材料准备：无需任何材料

游戏步骤

1 妈妈和宝宝一起说《拍手歌》，将内容熟练掌握。

《拍手歌》

你拍一，我拍一，一个小孩开飞机。
你拍二，我拍二，两个小孩梳小辫。
你拍三，我拍三，三个小孩吃饼干。
你拍四，我拍四，四个小孩写大字。
你拍五，我拍五，五个小孩来跳舞。

2 妈妈面对宝宝，伸出双手。边念儿歌边拍手，妈妈先把自己的双手拍一下，然后伸出自己的右手（左手）拍宝宝的右手（左手）。

3 说到每句的最后一句时，按照儿歌里的内容做相应的动作。

也可以这样玩

妈妈可以和宝宝一起玩“石头、剪子、布”的游戏，同样可以锻炼宝宝的小手和反应能力。

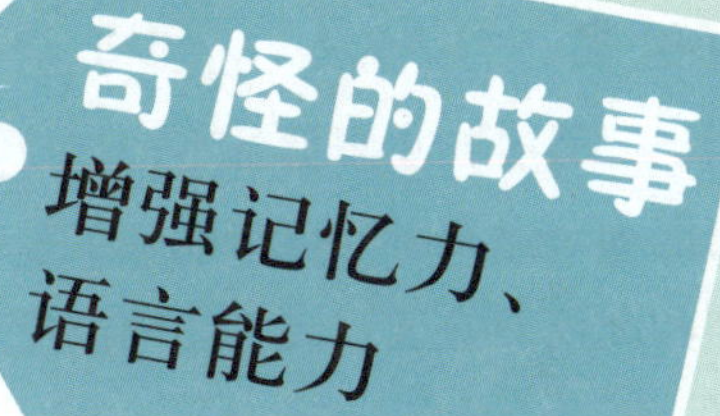

奇怪的故事
增强记忆力、语言能力

益智游戏好处多

用宝宝最喜爱的故事改编一个奇怪的故事给他听，看看宝宝能否发现和纠正错误，考验和促进宝宝的记忆力发展。这个游戏可以训练宝宝的思维能力、语言能力，并能扩大宝宝的词汇量。

- 床上或游戏毯上
- 宝宝对图画书感兴趣时
- 游戏时间：根据宝宝兴趣持续时间而定

材料准备： 宝宝喜欢的故事书，最好是绘本

游戏步骤

1 选一本宝宝喜欢的书，最好是你经常读给他听的书。

2 找一个舒适的地方坐下来，让宝宝坐在你的腿上或坐在你的旁边，像平常一样读书给宝宝听。

3 读了几页以后，开始改编故事，让它变得有点奇怪。例如，如果你读的是《三只小猪》，就把出现的一只狼改成一只猩猩。

4 在你说了这个奇怪的部分以后，停顿一下，看看宝宝的反应。如果他说“不对！才不是那样”的话，就重新正确地读出原来的故事。

5 再编出另一个奇怪的情节。

安全提示

如果宝宝在发现变化时变得烦躁，就改天再玩这个游戏。

也可以这样玩

用一首宝宝喜爱的歌来玩这个游戏，通过改歌词而编出一首奇怪的歌，比如把“洋娃娃和小熊跳舞”改成“洋娃娃和小猫跳舞”。

也可以在故事或儿歌的某个关键词上停顿，让宝宝自己接下来。

欢迎来做客
学习社交规则和礼仪

益智游戏好处多

宝宝此时已经具有初步掌握基本社交规则和礼仪的意识与能力。这个游戏可帮助宝宝掌握基本的社交规则和礼仪，并通过成人的积极反馈得到巩固和加强。

- 光线明亮的室内
- 宝宝兴致较高时效果更好
- 游戏时间：10分钟

材料准备：一套厨房玩具或其他的小杯、小碗等

游戏步骤

1 妈妈和宝宝一起玩“做客”的游戏，妈妈扮装客人，到宝宝家做客。

2 妈妈模拟敲门声“当，当，当”，对宝宝说：“你好，我到你家来做客了。”

3 请宝宝根据情节来招待客人，在游戏中说“你好”“请喝茶”“在我家里吃饭吧”“不客气”“再见”等礼貌用语。

也可以这样玩

邀请别的小朋友到家里做客，妈妈给宝宝做示范，让宝宝来招待小客人。

画脸 发展想象力

益智游戏好处多

宝宝在游戏当中增强对生活当中的人物或者动物形象的关注，可以发展宝宝的想象力和创造力，增强宝宝动手画画的表现能力。

- 光线明亮的室内
- 游戏桌上
- 宝宝对画画感兴趣时
- 游戏时间：15分钟

材料准备： 干净的纸袋、彩色笔、剪刀

游戏步骤

1 妈妈先将纸袋套在宝宝头上，确认眼睛的位置，然后将纸袋取下，在眼睛处挖洞。

2 将眼睛挖好后，就可以让宝宝在纸袋上任意画上喜欢的小动物的脸或者宝宝喜欢的卡通片上人物的脸。

3 画好纸袋后，妈妈就可以让宝宝将纸袋套在自己的头上，然后照镜子，对这个人物或者小动物说话。

4 妈妈也可以再做一个画有动物或者人物的脸的纸袋，然后和宝宝一起进行角色扮演。

安全提示

不要用塑料袋来玩这个游戏，塑料易产生静电，贴在宝宝的脸上，若误吸入口鼻会造成窒息。

用剪刀做准备工作时，不要让宝宝拿剪刀和笔玩耍跑动。

神奇眼镜
提高视觉敏锐度

益智游戏好处多

宝宝已经可以通过自己独特的眼光来看待这个世界了，你不妨用这个游戏为他提供另一种“看法”。这个游戏能训练宝宝的分类能力、创造力和想象力，提高宝宝的视觉敏锐度。

- 光线明亮的室内
- 宝宝对自己动手感兴趣时
- 游戏时间：15分钟

材料准备： 纸盒、铅笔、剪刀和胶带、红色、蓝色、绿色和黄色的玻璃纸

游戏步骤

1 从纸盒上剪下一长条纸板，宽度需能遮住宝宝的眼睛，长度为绕宝宝的头一圈还有一点重叠。

2 把纸片拿到宝宝的脸上比一下，用铅笔在眼睛部位画两个圆。在圆的位置剪两个洞，不要太小，要方便宝宝看清。

3 把红色玻璃纸贴在洞上，然后用胶带固定。

4 把纸板贴近宝宝的脸，粘贴玻璃纸的一面朝外，然后把纸板的两头在宝宝脑后粘住。让宝宝探索他的红色世界。

5 当他厌倦了红色时，把玻璃纸换成蓝色，接着是绿色，然后是黄色。

也可以这样玩

把卷筒卫生纸芯的一边用彩色玻璃纸遮起来，做成一个望远镜，让宝宝用一只彩色的眼睛看世界！

钓鱼 训练耐力、协调性

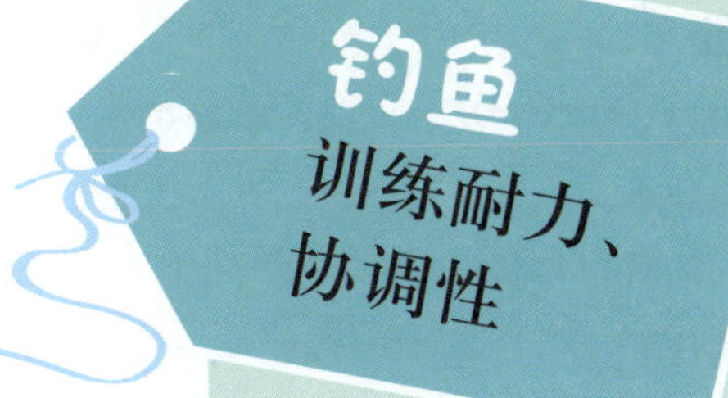

益智游戏好处多

这个游戏能够发展宝宝的手眼协调能力和上肢控制能力。耐力训练，不仅增加了宝宝对大小、数量、颜色的感知，发展了宝宝的数学逻辑智能和空间智能，更重要的是在成就感的影响下，宝宝树立了自信的品格。

- 室内游戏桌旁
- 游戏时间：15分钟

材料准备：彩纸、曲别针、带吸铁石的钓鱼竿

游戏步骤

1 用彩纸剪成大小不同的鱼，在每条鱼身上别上曲别针。

2 把鱼放入盆中，让宝宝用钓鱼竿钓鱼。只有将钓鱼竿上的吸铁石碰到鱼身上的曲别针，才能将鱼钓上来。

3 游戏结束时，妈妈可和宝宝数一数，一共钓了几条鱼，每种颜色的鱼有几条。

也可以这样玩

带宝宝到大自然中去，到池塘边和爸爸一起垂钓，亲自感受钓鱼的乐趣。

在水边玩时，一定要看管好孩子，以防失足落水。

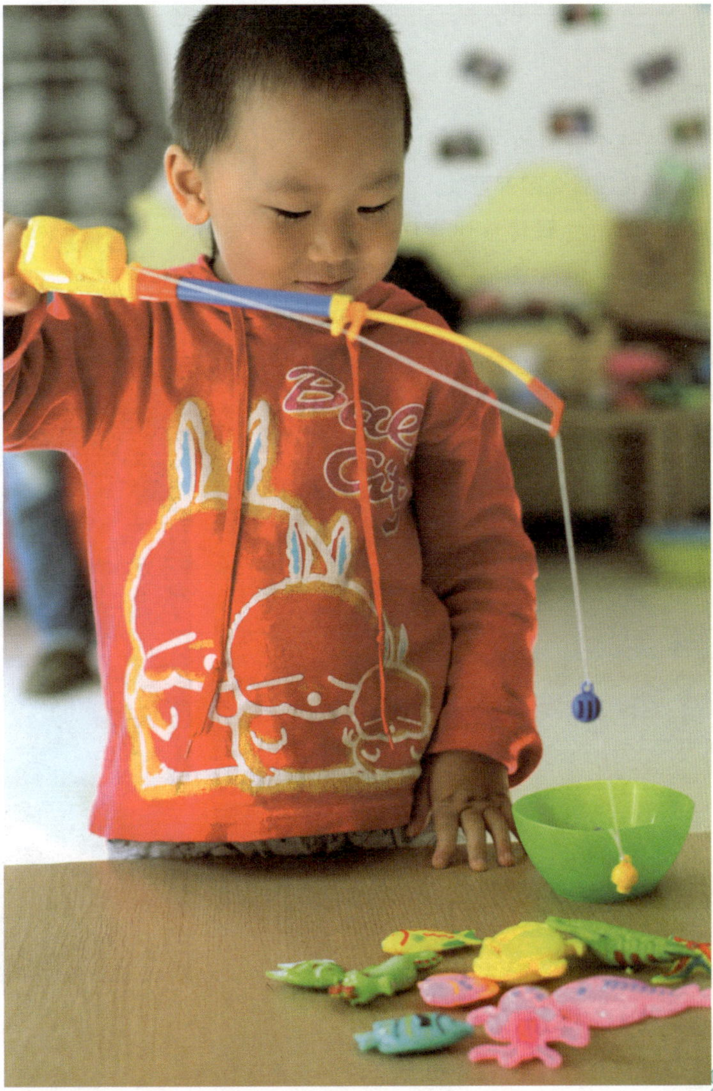

采集石头 培养钻研精神

益智游戏好处多

这个游戏可以让宝宝在玩的同时，享受充分的日光浴，避免缺钙。宝宝在观察自然界事物的同时，培养敏锐的观察力和好奇心；在产生问题和思考问题的过程中，培养钻研精神。

- 温度适宜的户外
- 空旷的场地
- 宝宝兴致较高时效果更好
- 游戏时间：30分钟~2小时

材料准备：一个塑料袋或小桶

游戏步骤

1 选一个晴朗的日子带宝宝去户外，小区的花园或公园都可以。

2 和宝宝一起找各种各样的石头，大的、小的、粗糙的、光滑的、有棱角的、白色的、褐色的等等，告诉宝宝这些石头的特征。

3 仔细观察它们，说说它们可能来自哪里。

4 让宝宝把这些石头分类。

也可以这样玩

把采来的石头带回家，洗干净，在上面作画。

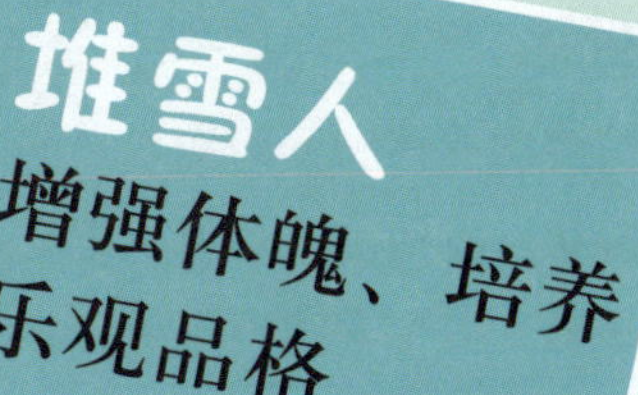

堆雪人
增强体魄、培养乐观品格

益智游戏好处多

雪后的空气清新，最适合进行适当的耐寒训练，通过游戏可以减少宝宝感染疾病的机会，提高宝宝的免疫力。与大自然亲密相处，可以开发宝宝的想象力和动手能力，使宝宝的身体和心理潜能都得到较好的开发，培养乐观积极的品格。

- 下雪时或雪后
- 宝宝兴致较高时效果更好
- 游戏时间：30分钟~1小时

材料准备： 玩沙工具、石头、胡萝卜、一些松树枝

游戏步骤

1 下雪的日子带宝宝到户外玩，让宝宝用玩沙工具玩雪，想怎么玩就怎么玩。

2 妈妈滚一个大雪球当雪人的身子，再滚一个小一点的雪球当雪人的头。

3 让宝宝用石头做雪人的眼睛，胡萝卜当雪人的鼻子，再找一些松树枝做雪人的头发。

4 让宝宝自由想象，妈妈帮助宝宝来完成雪人。

也可以这样玩

下雪的时候，一家三口在户外打雪仗，让宝宝在雪地里自由奔跑，感受自然与亲情。

看图找物
提高分类和配对能力

益智游戏好处多

当宝宝开始辨别立体和平面图像之间的异同时，玩玩这个游戏，看他是不是可以把立体和平面的东西对应起来。这个游戏不仅可以训练宝宝的视觉辨别能力，也能有效提高宝宝的分类能力和配对能力。

- 光线明亮的室内
- 地板上或游戏桌旁
- 游戏时间：15分钟

材料准备：图卡或其他图片，最好是家里可以找到的东西，如牙膏、食品、帽子、玩具、鞋子、手表等

游戏步骤

1 在地板或是桌子上把这些实物排成一列。

2 让宝宝坐在你旁边，面对着那些实物。

3 拿起一张照片，要宝宝找到对应的实物。

4 反复进行，直到宝宝把所有照片和实物都配对为止。

也可以这样玩

拿掉几张照片，看宝宝是不是可以发现少了什么。另外，除了对相同的东西进行配对，例如一把牙刷和一张牙刷的照片对应，还可以作相关物品的配对，如牙刷和牙膏。

益智游戏好处多

这个游戏不但能加深宝宝对各种小动物的认识，扩展宝宝的知识面，还能发展宝宝的语言表达能力。

- 光线充足的室内
- 地板上或游戏桌旁
- 游戏时间：15分钟

材料准备：有各种小动物形象的卡片

游戏步骤

1 妈妈先把有着动物形象的卡片展示出来，然后问宝宝，图上的动物是什么小动物，他的名字叫什么。

2 当宝宝知道图片上的小动物是什么小动物后，再问宝宝："宝宝知道图上的小动物都爱吃什么东西吗？"让宝宝指出各种小动物都喜欢吃什么，例如：小兔子爱吃白菜等。

3 尽量让宝宝多说一些小动物爱吃的东西，把他所知道的都说出来。当宝宝出现不知道的时候，妈妈可以把小动物的有关知识教给宝宝。

4 还可以让宝宝说说有哪些小动物爱吃的东西是一样的。

也可以这样玩

拿一些动物爱吃的食物图片，和其他不相关的图片混在一起。妈妈问宝宝小白兔喜欢吃什么，让宝宝从图片中找出小白兔爱吃的，如白菜、萝卜、青草。再找其他小动物爱吃的东西。

猜花生
锻炼眼力和记忆力

益智游戏好处多

这个游戏可以锻炼宝宝的眼力和记忆力，同时提高宝宝的判断能力。

- 光线充足的室内
- 游戏桌旁
- 游戏时间：15分钟

材料准备： 三个不透明纸杯、一颗花生（或者糖果、红枣都可以，只要能被杯子扣住就行）

游戏步骤

1 将三个杯子并排地倒扣在桌面上。

2 给宝宝看一下你手里的花生，并把它放在桌上，用其中任意一个杯子扣住它。

3 随机地移动 3 个杯子，改变它们的位置，然后让宝宝猜："花生躲到哪里去啦？"

4 宝宝猜对了，要给予鼓励。宝宝猜错了不要批评、否定，鼓励他再试一次。

也可以这样玩

杯子的数量可根据孩子的能力和对游戏的熟练程度来决定。开始可从2个杯子玩起，待宝宝熟练后再增加杯子的数量。

宝宝刚开始可能需要你的进一步启发，你可以挨个指着杯子问他："是在这个杯子里吗？"玩过几次，宝宝就基本可以独立判断了。

我来擦桌子
树立自我和自尊意识

益智游戏好处多

大部分幼儿都非常喜爱帮爸爸妈妈干活——即使是假装的也好。这个游戏可以训练宝宝的手眼协调能力和粗大运动技能，培养宝宝良好的生活习惯，帮助宝宝树立自我和自尊的意识。

- 光线明亮的室内
- 宝宝表现出模仿意愿时
- 游戏时间：15分钟

材料准备： 干净的抹布或小毛巾

游戏步骤

1 在小桶或小盆里装一些水，放在茶几旁。

2 给宝宝示范怎样使用抹布和水擦桌子。

3 请宝宝按你示范的方法自己擦桌子和洗抹布。

4 在他完成擦桌子的大工程以后，夸奖他一番。

也可以这样玩

如果你正在做家务，比如扫地，可以让宝宝给你提供小小的帮助，比如帮忙拿扫把、簸箕，把地上的玩具捡起来等，或是给他类似的、他可以自己完成的工作，比如用小喷壶浇花，收衣服等。

安全提示

确定宝宝用的所有清洁用具都是安全的。这也是一个教导宝宝认识有毒物品和危险品的好时机，比如各种清洁液，应告诉宝宝它们是有毒的。

0~3岁宝宝
益智
亲子游戏

和小朋友一起玩

3 岁的宝宝已经建立了自我和性别意识，懂得分辨男女，也产生了“所有权”的概念，此时宝宝已懂得爱惜并照顾自己所拥有的东西，也热切地想要加入幼儿园或同龄孩子的小群体里。从一个不会说话、不会走路、完全依赖他人的小婴儿，转变成一个可以说、可以做，并且了解自己的小小孩，这个过程多快啊！

这时候也是宝宝不喜欢受人帮助的时期，他们喜欢独自一人，想模仿大人的行为举止，并慢慢学会理性表达自己的想法。有时也会以发泄来表达自己的意见，这时爸爸妈妈需要十万分的耐心来对待自己的宝宝。

此时宝宝一个人也可以读自己喜欢的书或画画、粘贴纸张等，渴望玩比之前更有创造力的游戏。试着放开孩子，让他独立学习吧！

做鬼脸

发展创造性思维

益智游戏好处多

五官游戏对宝宝面部肌肉的控制能力有很大帮助，并能增加宝宝对于面部表情的认识。在高兴地做着各种鬼脸时，宝宝的想象力和模仿力都得到锻炼，为其发展创造性思维提供动力。

- 随时随地
- 宝宝喜欢模仿时
- 游戏时间：10分钟

材料准备：一些不同表情的图片，如张大嘴、吐舌头、闭眼睛、瞪大眼、哈哈大笑、撇嘴等

游戏步骤

1 妈妈拿出平日收集的一些不同表情的图片，或者在白纸上画出一些人物表情。

2 妈妈和宝宝面对面，妈妈边说边带宝宝做鬼脸，一个一个地做。

3 拿出一张表情的图片，请宝宝按照图片做出相应的表情。

4 要让宝宝知道，除了做游戏时，不能对着人做鬼脸，那样做是不礼貌的。在宝宝做鬼脸的时候，不要只是动动嘴、动动眼睛，要让脸部器官充分地活动起来。

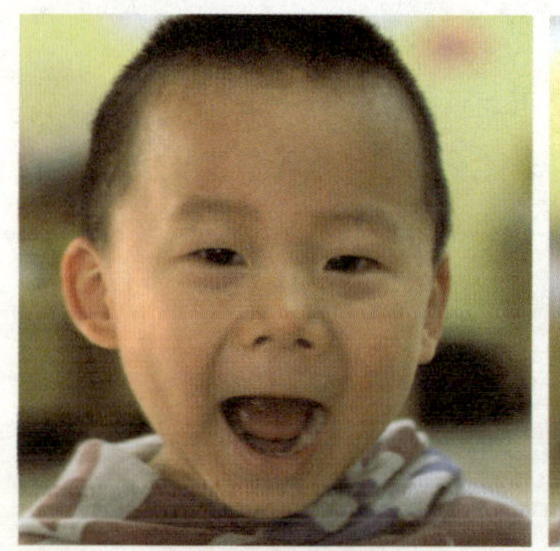

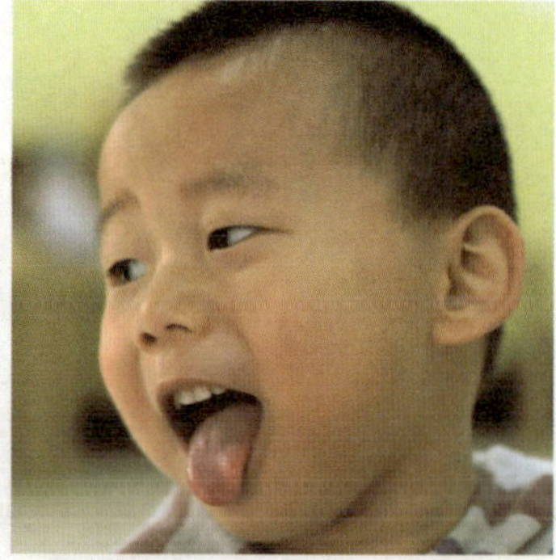
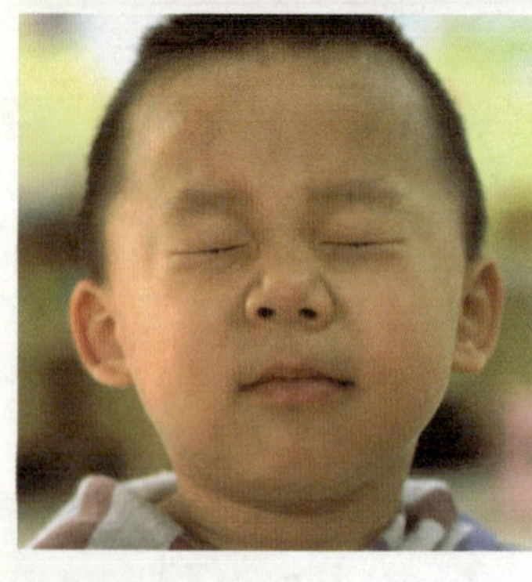
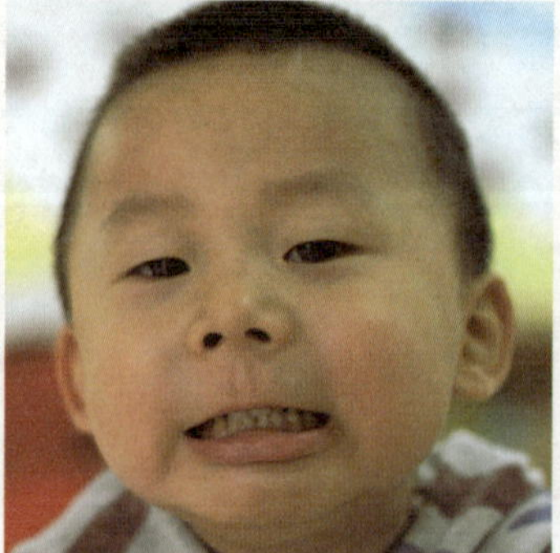
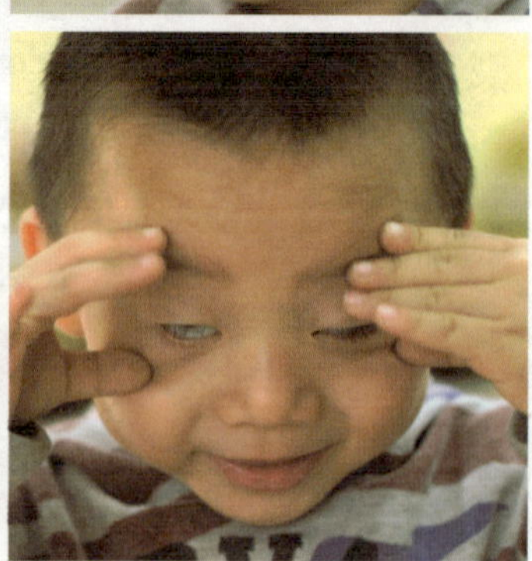

也可以这样玩

不规定动作，但规定器官，让宝宝自由发挥，和爸爸比赛，看谁做出的动作更多。

爬山 开阔心胸、强身健体

益智游戏好处多

爬山并不是目的，带宝宝走进自然、欣赏大自然之美、呼吸新鲜空气、锻炼身体才是真正的目的。与大自然的亲密接触，有助于培育宝宝的积极情感，使他思维更加开阔，心胸更加宽广。

- 天气晴朗、温度适宜的户外
- 游戏时间：半天

材料准备：无需任何材料

游戏步骤

1 周末或假日带宝宝去爬近郊的山。

2 拉着宝宝的小手和爸爸妈妈一起爬。

3 爬到山上空旷处，和宝宝一起大声叫："喂！"试试看，宝宝一定会很开心，很畅快。让宝宝听一听从山里传来的"喂"的回声，然后再回应它。

也可以这样玩

不要急于登高，让宝宝看看地上的蚂蚁、小虫子，玩玩石子、木棍等等，对宝宝来说都是大有乐趣的。

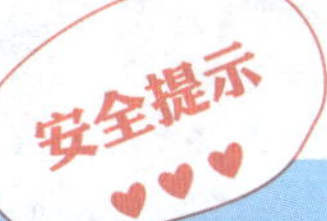

安全提示

宝宝头大身小，难以保持平衡，常易跌跤，有时还爱撒娇赖地不起，不要猛拉宝宝的一只手臂，因为宝宝肩关节浅而韧带组织发育尚不健全，会造成宝宝肩关节习惯性脱臼。正确的方法是用两手扶着宝宝的两肩或两腋下助他起来。

会唱歌的杯子
发展音乐智能

益智游戏好处多

听觉训练不仅是听力水平的训练，宝宝通过敲击还可以提高辨别声音高低的能力，从而发展宝宝的音乐智能。适当的听觉刺激会促进宝宝在情感上与人的沟通及语言方面的发展，并培养宝宝积极的乐于接受外界事物的态度。

- 室内游戏桌旁
- 宝宝表现出喜欢敲敲打打时
- 游戏时间：15分钟

材料准备：两个大小相同的玻璃杯、筷子

游戏步骤

1 把一个玻璃杯装满水，另一个装三分之一的水。

2 让宝宝用筷子敲一敲，听听哪个杯子发出的声音高，哪个杯子发出的声音低。

3 也可以多找一些杯子，分别装入不同分量的水，让宝宝用筷子敲击，听听声音的高低。

也可以这样玩

找出家里的锅、碗、盘子、盆等，让宝宝用筷子敲击它们发出不同的声响，感受用力敲和轻轻敲的区别。

带妈妈回家

强化记忆力、塑造自信

益智游戏好处多

2岁多的宝宝记忆力明显增强，已经可以记住一些近期发生的事情。通过游戏，可以强化宝宝的记忆能力，使无意记忆成为有意记忆，从而增强宝宝的生活能力。为妈妈带路可以增加自信，自信的宝宝将来更易获得良好的人际关系和成功。

- 天气晴朗、温度适宜的户外
- 宝宝喜欢模仿时
- 游戏时间：15分钟

材料准备：两个大小相同的玻璃杯、筷子

游戏步骤

1 妈妈和宝宝在家的附近玩耍。回家时，妈妈装作迷路了，说："我不知道回家的路怎么走。宝宝，你记得吗？"

2 如果宝宝说："不记得。"要和宝宝讲怎么回家，路上有什么标志性建筑或事物，让宝宝记住回家的路。练习几次，宝宝就认得路了。

3 如果宝宝说："记得。"就让宝宝带路回家。

也可以这样玩

带宝宝去熟识的亲友家时，下车后也可以装作不认识路的样子，让宝宝带着爸爸妈妈走，他会有种成就感，觉得自己长大啦！

漂亮的手工纸花

提高艺术感受力

益智游戏好处多

手指的运动可以刺激大脑的广大区域，思维观察又可以不断纠正、改善手指动作的精细化程度。眼、手、脑的协调配合能极大地促进宝宝的智力发展。通过不同颜色和形状的搭配，可以加深宝宝对色彩和形状的认识和喜爱，提高审美能力。

- 室内游戏桌旁
- 宝宝对剪刀感兴趣时
- 游戏时间：15分钟

材料准备：彩色卡纸，铅笔，胶棒，透明胶，儿童用安全剪刀，吸管

游戏步骤

1 妈妈在彩色卡纸上画出不同大小、不同形状的图案。让宝宝把它们剪下来。

2 把大小、颜色不同的图形分别粘在一起，做成纸花朵。

3 用胶条把吸管固定在花朵的背面，翻过来，一朵漂亮的纸花就完成了。

也可以这样玩

把彩纸剪成圆形，再通过两次对折找到圆心，沿一条折痕把圆剪开，剪到圆心后，把两边粘起来呈漏斗形，再将长短合适的吸管粘在下面，做成小雨伞。

男孩和女孩

增强自我意识

益智游戏好处多

两岁的宝宝对于自己的性别会有模糊的初步认识。认识自己的性别能够让宝宝更好地了解自己，更好地控制自己的行为。这个游戏能增加宝宝对性别的认识，丰富宝宝的知识，发展宝宝的智力、思维和语言能力。

- 随时随地
- 游戏时间：15分钟

材料准备：一些画册或图片，上面画有男孩、女孩穿衣、吃饭、上学、运动等画面、宝宝本人以及家人的照片

游戏步骤

1 请宝宝辨认图中谁是男孩，谁是女孩，谁是哥哥，谁是弟弟，谁是姐姐，谁是妹妹，注意性别的区分。

2 让宝宝尝试说一说男孩和女孩在头发、衣着、身体特征等方面的不同。

3 让宝宝说说自己和图中的哥哥或姐姐有哪些方面是一样的，说说自己是男孩还是女孩。

4 给宝宝看他本人及家人的照片，并问宝宝家庭成员之间的男女之别。

也可以这样玩

带宝宝外出时一起辨认男女。买衣服时，告诉宝宝什么衣服是男孩穿的，什么衣服是女孩穿的。

手指操
锻炼手指灵活性和反应能力

益智游戏好处多

手指是宝宝最熟悉的游戏工具，从出生开始，宝宝每天都会同手指亲密接触。手指游戏既能锻炼宝宝手指的灵活性和反应能力，发展语言能力，又能增强宝宝快乐的情绪体验。

- 随时随地
- 宝宝喜欢模仿时
- 游戏时间：15分钟

材料准备：用纸做成小鸡、小兔、小猴、小鱼和小青蛙图案的手指偶

游戏步骤

1 家长和宝宝面对面坐好。家长将画有小鸡、小兔、小猴、小鱼和小青蛙图案的手指偶，分别套在自己右手的拇指、食指、中指、无名指和小拇指上，再引导宝宝将画有小鸡、小兔、小猴、小鱼和小青蛙图案的手指偶，套在右手的拇指、食指、中指、无名指和小指上。

2 家长和宝宝伸出戴有手指偶的手，手心相对。家长边说："小鸡见面点点头"，边引导宝宝和自己一起动大拇指。用同样方法，引导宝宝动其他的手指。

3 把手指偶分别戴在宝宝的双手上，并使小动物的顺序一致。

4 宝宝伸出双手，手心相对，家长说："小鸡见面碰碰头"，宝宝便动自己的两个大拇指，使其相碰，用同样的方法，引导宝宝动其他手指。

也可以这样玩

可根据宝宝实际情况分几次完成上面的游戏，如第一次可以只戴两个小动物，玩熟后再增加。还可以带领宝宝玩一些手影游戏，如小兔子、大灰狼、小鸽子等，利用这些手影给宝宝讲故事。

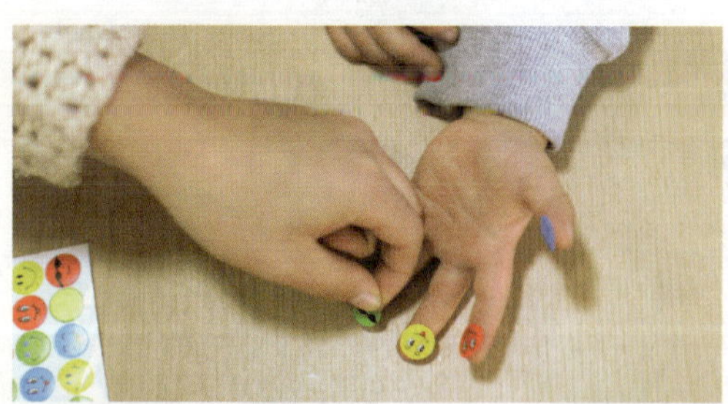

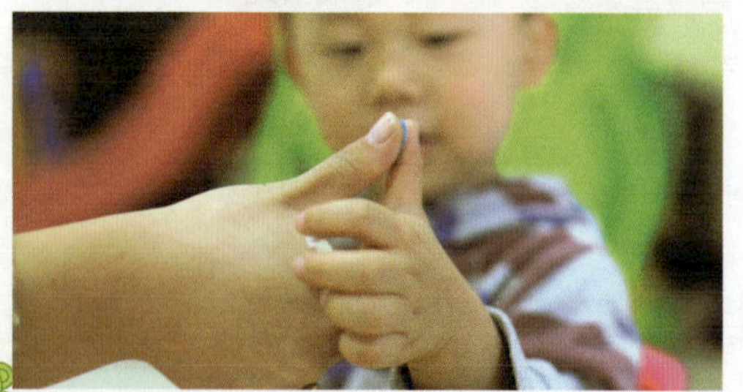

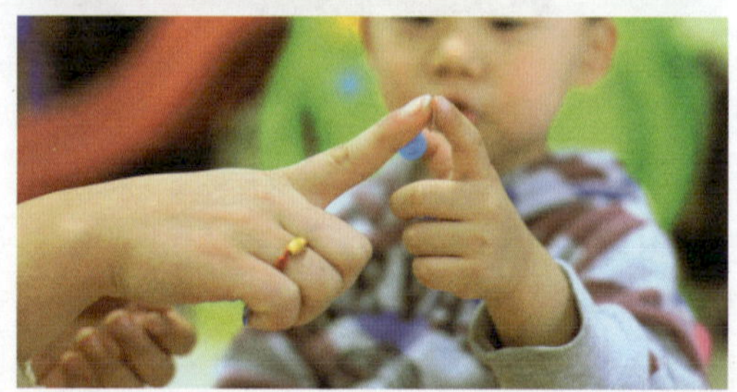

发生了什么
培养解决问题的能力

益智游戏好处多

宝宝对于场景都会有自己的解释，一张简单的图片，宝宝给出的故事也许会让你大吃一惊呢。这个游戏不仅能提高宝宝的认知能力、语言能力、思维能力更重要的是能训练宝宝解决问题的能力。

- 室内游戏桌旁
- 宝宝总喜欢问为什么时
- 游戏时间：15分钟

材料准备：具有某些场景性的图片，如猫在爬墙、一个孩子在哭、溢出来的饮料、坏掉的玩具、吃剩的比萨等等，美术纸、剪刀、胶水

游戏步骤

1 从杂志里找出一些具有某些场景性的图片，把图片剪下来。用胶水粘在美术纸上，方便拿，也方便看。

2 和宝宝一起坐在地板上，拿起其中一张图片。问一问宝宝：“发生了什么事？”在发问的时候，要装出一副很疑惑的表情。

3 给宝宝一点时间思考，然后告诉你答案。如果他需要协助，就给他一些线索。

4 当他完全理解以后，继续下一张图片。

也可以这样玩

在孩子指出问题以后，要他帮你解决。例如，如果有一只猫困在树上，你就说：“我们该怎么办?”

不要使用太复杂的图片，以免孩子产生困扰。让这个游戏轻松又有趣!

自编儿歌
提升创造力

益智游戏好处多

自编儿歌的游戏可以增强宝宝的概括能力和表达能力，让宝宝掌握一种新的语言表达方式。多样化的训练可以提升宝宝参与创作的乐趣，从而培养其建立良好的自信心，提高自身的创造力。

- 随时随地
- 游戏时间：15分钟

材料准备： 无需任何材料

游戏步骤

1 妈妈带宝宝一起说一说下面这首儿歌：

今天真快乐，
大家一起唱歌，
大家一起跳舞。
小熊维尼有好多朋友，
有小猪和跳跳虎，
还有兔子瑞比。

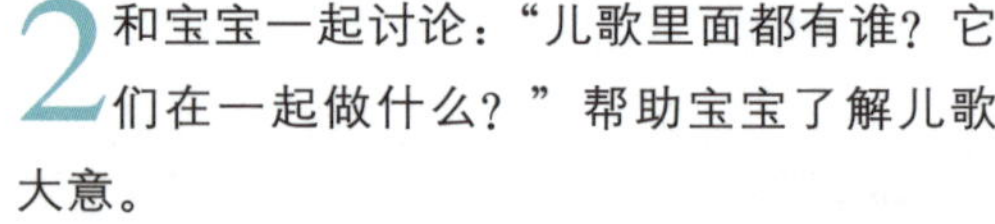

2 和宝宝一起讨论：“儿歌里面都有谁？它们在一起做什么？”帮助宝宝了解儿歌大意。

3 宝宝熟悉儿歌以后，可以引导他自己改编儿歌了。如：“大家一起做操，大家一起喝水。宝宝有很多好朋友，有扬扬和乐乐。”等等。

4 妈妈可以在任何时候，自编一些儿歌和宝宝交流，让宝宝熟悉这种方式。宝宝自编的儿歌不会完全符合妈妈的要求，妈妈千万不要打断、指责。

也可以这样玩

带宝宝买水果的时候，和宝宝念叨“今年的枣大丰收”，让宝宝顺着思路说下去：“今年的橘子大丰收”“今年的苹果大丰收”等等。

走楼梯，学数数
促进综合能力发展

益智游戏好处多

这个年龄段的宝宝已经能够左右脚交替灵活地走楼梯了。上下楼梯时，让宝宝数数，可以提高宝宝独立行走的兴趣，同时练习口与脚动作的一致性，培养宝宝对于数字的感知能力，同时还能完善身体的运动协调能力，让宝宝得到全面均衡发展。

● 随时随地
● 游戏时间：15分钟

材料准备：无需任何材料

游戏步骤

1 带宝宝上下楼梯时，牵着宝宝的手，边走楼梯边数数。

2 在迈一只脚时数“1”，迈另一只脚时数“2”，交替进行。

3 也可以引导宝宝在上楼梯时从“1”数到“10”，下楼梯时，引导宝宝从“10”数到“1”。

也可以这样玩

带宝宝去爬山，也可以一边爬一边数台阶，增加一些爬山的乐趣。

散步的时候，可以和宝宝一边走一边数路边的大树或者路灯。

扑克钓鱼
认数字，比大小

益智游戏好处多

玩扑克牌是成人常玩的游戏，其实扑克牌也是宝宝游戏的好工具。游戏过程中不仅可以教会孩子认识数字，更能使他明白数字之间的大小概念。

- 宝宝兴致高时
- 明亮的环境
- 在床上或桌子上
- 游戏时间：5~10分钟

材料准备：一副新扑克牌

游戏步骤

1 把牌分成数量相等的两份，你和孩子一人一份，每人出一张牌。

2 每人从最上面拿出一张牌，放在桌子上或床上。

3 看谁出的牌大，那么这两张牌就归谁。如果一样大就先放在旁边，然后出下一张牌，赢的那位得两次的牌。

4 3分钟后，数数谁手上的牌多谁就赢了。给赢的人贴上一个小贴画做奖励。

也可以这样玩

根据游戏人数把牌分成相应的份数，然后参加游戏者每人出一张牌，排成一个长列。谁出的牌与上面长列中的某一张牌相同，则这两张相同的牌之间的所有纸牌就都归他了，游戏以最后谁手里的牌最多为胜负标准。

可以引导孩子读所出的牌上面的数字和花色，这个游戏还可以培养孩子敏锐的观察力。在众多的排成一列的纸牌中，能一下子看到与自己的牌点数相同的牌。

来回倒水

增强手部肌肉控制力和独立性

益智游戏好处多

来回倒水这一项比较简单的操作能力的发展，是宝宝精细动作发展的一个阶段。宝宝的独立性需要挖掘和促进，不断地让他了解自己的能力是非常重要的，意识到自己的能力有助于宝宝今后的成长。

- 室内游戏桌旁
- 宝宝喜欢自己动手时
- 游戏时间：15分钟

材料准备：两个无手柄的塑料杯

游戏步骤

1 妈妈在一个杯子里注入三分之一的凉水，然后倒入另一个杯子里，来回倒一次。

2 让宝宝模仿妈妈的做法来回倒水。

也可以这样玩

把杯子里装入一些米，然后倒入另一个空杯子里，来回倒几次。

宝宝自己倒水很容易洒出来，弄湿桌子和衣服，要确保桌子上没有其他玩具，并把宝宝的袖子挽起来，让他尽情地“实验”。

记得准，找得快

训练记忆力和观察力

益智游戏好处多

2岁多的宝宝，能用行动表现出初步的回忆能力。这个游戏可以进一步发展宝宝的记忆和对应能力。良好的观察力是获得丰富的知识经验的前提条件。有意识地进行训练，可以让宝宝养成善于观察、善于学习的好品格。

- 室内游戏桌旁
- 宝宝兴致好时更乐于配合
- 游戏时间：15分钟

材料准备：小熊、小狗、小兔的图片各一张

游戏步骤

1 妈妈把三张图片放在桌子上，要求宝宝记住这几张动物图片。

2 宝宝闭上眼睛，妈妈悄悄拿走一张，再让宝宝睁开眼睛看看少了哪一张。

3 让宝宝看三张图片，然后将三张图片倒扣在地板上，问宝宝它们对应的位置。

4 妈妈问："小熊在哪儿？"让宝宝凭记忆找出小熊藏在哪儿。

5 小狗、小兔游戏玩法依此类推。然后互换角色，让宝宝藏，妈妈猜。

也可以这样玩

爸爸可以装作经常找错的样子，鼓励宝宝来纠正爸爸的"错误"，让他有一种成就感，宝宝会更开心！

看望朋友
情商培养

益智游戏好处多

通过妈妈和宝宝的互动，让宝宝初步了解看望他人的方式，学习相关的礼仪和规则。情商是衡量个人非智力因素发展的一个重要指标。能够敏锐察觉他人情绪、善于控制自己的情绪、能与他人和睦相处、进行良好合作的人更有可能取得成功。

- 宝宝兴致较高时效果更好
- 游戏时间：15分钟

材料准备：宝宝喜欢的毛绒玩具，比如小熊维尼

游戏步骤

1 妈妈把毛绒玩具小熊维尼放在宝宝的小床上，说："维尼生病了，宝宝去看望它吧。"

2 妈妈可以先示意宝宝："去看望病人，我们给它带些什么东西呢？"

3 到了宝宝的小床前，看看宝宝对维尼说些什么，妈妈可以代替小熊和宝宝互动、交谈。

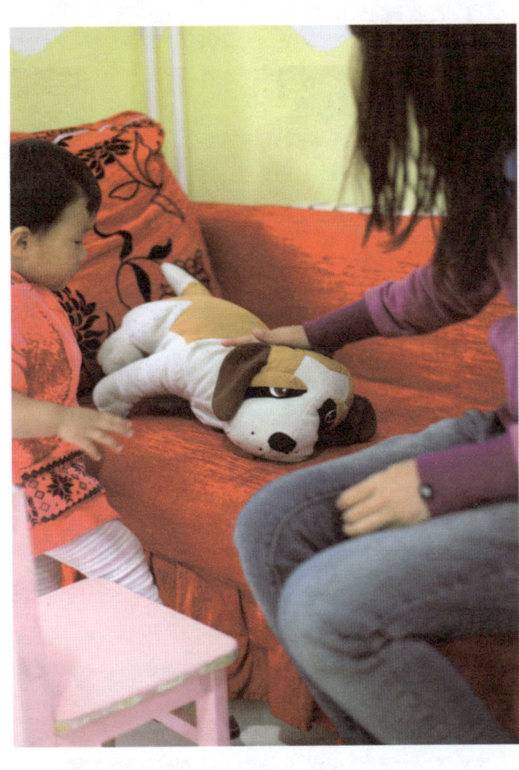

也可以这样玩

爸爸假装生病了，让宝宝来看望爸爸，看看宝宝会做些什么，说些什么。

趣味袋
给物品分类

益智游戏好处多

对宝宝来说，惊喜是一种趣味无穷的体验。尤其是惊喜很有创意，又不受限制的时候。把一些有趣的东西放在纸袋里，为宝宝提供一些激发想象力的想法，对宝宝的认知能力、思维能力、识别能力和分类能力都有益处。

- 地板或游戏毯上
- 游戏时间：15分钟

材料准备：一个大纸袋或不透明的塑料袋，可以三个配成一组的物品，如杯子、牙刷、牙膏

游戏步骤

1 把物品放进袋子里，和宝宝一起宝宝坐在地板上。让宝宝闭着眼睛从袋子里抓一样东西，请他说出这个东西的名字。

2 请他把东西拿出来，睁开眼睛看一看。如果他猜对了，接着让摸和猜。

3 最后让他想想看纸袋里还会有什么东西。假如宝宝很难猜出第三个物品，向他解释第一个和第二个东西的关联。接下来，让他再试猜第三个东西。

4 当他三个东西全都猜中后，问问他，它们有哪些共同点。

也可以这样玩

用食物来玩这个游戏。把三个相关的东西放在桌子上，例如比萨饼皮、葡萄馅料和奶酪。问问宝宝，把这些东西结合在一起的时候会变成什么食物。

安全提示

确保所有东西都是安全的，并尽量选择宝宝熟悉的东西，让他至少能猜对一些，不致产生挫折感。

滚一滚，认一认
游戏中学习

益智游戏好处多

滚球的动作可以锻炼宝宝的手部力量和反应的敏捷性，还可以锻炼手眼协调能力。在游戏中学习汉字和数字，可以让宝宝感到学习的轻松和快乐，提高学习的自主能力，更好地适应今后校园生活。

● 游戏时间：15分钟

材料准备：准备纯净水空瓶若干，彩纸、水彩笔、皮球、空纸盒各一个。

游戏步骤

1 妈妈在彩纸上写一些汉字或数字放进瓶子里，每个瓶子放一张。

2 将瓶子按一定距离并排放好，让宝宝在一米左右的前方蹲下，滚动皮球将瓶子撞倒。

3 每撞倒一个瓶子，让宝宝将彩纸取出并打开，认一认相应的汉字或数字。

也可以这样玩

爸爸和宝宝轮流滚皮球，让宝宝学会轮流和等待。

你做我猜
锻炼模仿力

益智游戏好处多

小鸡、小鸭、小猫、兔子、大象都是宝宝所熟悉的小动物，让宝宝来模仿这些动物的走路姿势，不仅能认识各种动物，了解这些动物走路的样子，还可以锻炼宝宝的模仿能力，发展身体的运动能力。

- 室内或天气晴朗、温度适宜的户外
- 找一块开阔、平坦的场地
- 宝宝兴致较高时效果更好
- 游戏时间：15分钟

材料准备：无需任何材料

游戏步骤

1 带宝宝到动物园去玩，观察动物走路时的姿势，和宝宝一起记下那些走路特别的动物。

2 跟宝宝玩你做我猜的游戏。用动作表现一种动物，让宝宝来猜是什么动物。

3 然后让宝宝模仿你来猜。

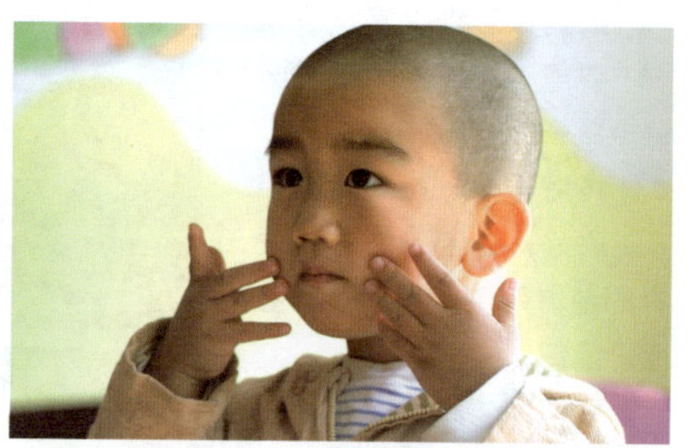

也可以这样玩

模仿小鸡：小鸡的嘴是尖尖的，模仿小鸡走路时两只手放在胸前，双手五指合在一起作尖嘴状，大拇指在上，小拇指朝下，一边走路，一边做小鸡啄米的样子。

模仿小鸭：小鸭的嘴是扁扁的，模仿小鸭走路时两只手在胸前合拢，一只手的手背在上，另一只手的手背在下，作鸭嘴状，走路时左右摇摆。

模仿小猫：学小猫走路步子要轻，两手在嘴边向外划，好比小猫的胡须。

模仿兔子：学兔子走路时，两只手放在头上，竖起食指和中指作兔子耳朵，蹦跳着走。

模仿大象：学大象走路时，一只手臂举到鼻子前，甩动着手臂模仿大象鼻子，慢慢悠悠地走。

瓶子画
发展创造力

益智游戏好处多

这个游戏可以增强宝宝的审美意识，增加宝宝对美术的热爱，发展宝宝的美术表现能力、绘图能力，以及宝宝的创造力。

- 游戏桌旁
- 宝宝兴致较高时效果更好
- 游戏时间：15分钟

材料准备：空矿泉水瓶、胶水、白纸、颜料、画笔

游戏步骤

1 妈妈先把事先洗干净的矿泉水瓶用胶水贴上一层白纸，并且晾干。

2 把颜料和画笔准备好，然后向宝宝说明玩法："宝宝，今天我们要玩一个游戏，就是我们一起在瓶子上画上漂亮的图画，帮瓶子穿上漂亮的衣服，让瓶子变得漂漂亮亮的，好不好？"

3 妈妈和宝宝每人拿一个瓶子，妈妈先在自己的瓶子上画上一些东西，给宝宝做一个示范，例如画一朵小花，一个小动物等。鼓励宝宝在瓶子上画上他喜欢的东西，什么都可以画。

4 如果遇到宝宝想画但又不懂得怎么画的东西时，妈妈可以帮助宝宝一起画，共同合作给瓶子穿上漂亮的衣服。

5 当瓶子画好以后，把它放在干燥的地方，让颜料晾干，这样一个漂亮的瓶子就做好了，做好的瓶子可以摆在客厅或者宝宝的房间当装饰品。

安全提示

在使用画笔和颜料的时候，宝宝可能会弄得比较脏，妈妈可以事先给宝宝穿上一些旧衣服再画。要注意别让宝宝把颜料放到嘴里。

蹦蹦跳
快乐地运动

益智游戏好处多

这个时期的宝宝对于前后左右的概念还不是很清晰，通过游戏既可以锻炼跳跃技巧，同时还能促进宝宝对空间方位的认识。欢快的情绪体验可以让宝宝自知自己的幸福，表达自己的情绪，逐渐养成良好的品格。

- 室内或户外
- 较开阔的空间
- 游戏时间：15分钟

材料准备：柔软的毯子或婴儿椅

游戏步骤

让宝宝先学会儿歌，再做动作，按照节奏来跳。

蹦蹦跳，蹦蹦跳，
我学小兔蹦蹦跳。
向前跳，向后跳，
向左跳，向右跳。
蹦蹦跳，蹦蹦跳，
我学青蛙蹦蹦跳。
向前跳，向后跳，
向左跳，向右跳。
蹦蹦跳，蹦蹦跳，
我学袋鼠蹦蹦跳。
向前跳，向后跳，
向左跳，向右跳。

也可以这样玩

妈妈与宝宝相对，做“请你像我这样做”的游戏。妈妈伸左手，宝宝伸右手。妈妈踢右腿，宝宝踢左腿。

整理衣服

训练分类和思维能力

益智游戏好处多

整理衣服对宝宝来说是个很好的游戏，既可以锻炼宝宝精细运动技能和粗大运动技能，又能帮助宝宝发展分类和思维能力。

- 卧室的床上
- 宝宝喜欢模仿时
- 游戏时间：15分钟

材料准备：许多洗好、晾干的家庭成员的衣服

游戏步骤

1 把洗好、晾干的衣服放在床上。

2 让宝宝坐在你旁边，教他怎样根据简单的分类标准来把衣服整理好，例如，你们可以根据颜色来整理红色一叠、绿色一叠、蓝色一叠等等。

3 把衣服整理好以后，再根据另一种不同的标准来整理。可以试着用大小、形状、性别、家庭成员、新旧等来分类，如宝宝的、爸爸的、妈妈的。

也可以这样玩

请宝宝模仿妈妈叠衣服，并把叠好的衣服放在一摞。

安全提示

注意不要让宝宝跌到床下。

折纸
增强操作能力

益智游戏好处多

手的精细动作发展有助于宝宝智力的发展，操作能力的发展是日后学习任何技能的前提条件。拥有发达空间智能的宝宝更加倾向于从整体上来认识周围环境，空间智能的发展有助于发展观察能力，促进宝宝视觉敏感性和准确性。

- 室内游戏桌旁
- 宝宝对手工感兴趣时
- 游戏时间：15分钟

材料准备：各种颜色的正方形纸

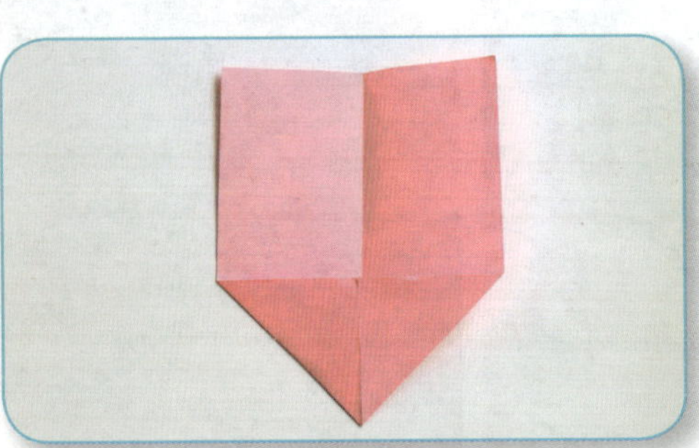

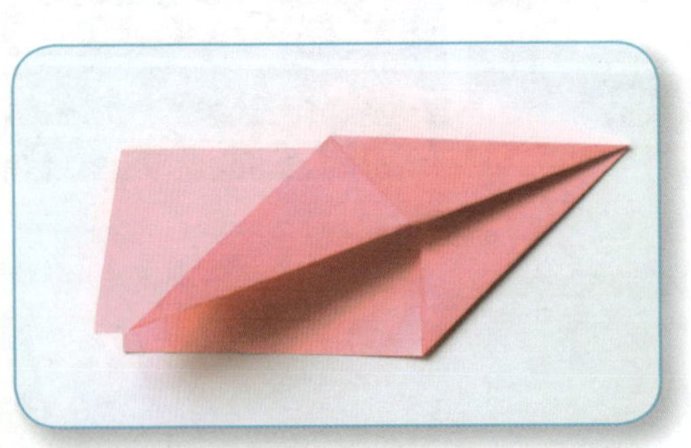

游戏步骤

1 取短边的中点，对折。

2 在一侧折成三角型的尖头。

3 三角形的方向，两边继续向下折一下就完成了。

也可以这样玩

宝宝折简单的，爸爸可以折难度大一点的飞机，多做一些，然后一起飞着玩。

打电话
提高语言与社交能力

益智游戏好处多

打电话是一种很常见的日常活动，宝宝在成长过程中会经常观察爸爸妈妈打电话，对这个举动很好奇。自制纸杯电话游戏不仅能满足宝宝对打电话的好奇，初步感受电话的原理，还可以通过和爸爸妈妈一起动手亲自制作电话，提高宝宝的动手能力。

- 光线充足的室内
- 游戏时间：5~10分钟

材料准备：两个纸杯、一根长一点的棉线、两截小棍子（各2厘米长）、剪刀

游戏步骤

1 在两个纸杯的底部各开一个小小的洞。将棉线的两头分别从杯子底部往杯子里面穿进去，然后在末端系上小木棍。

2 你和宝宝各拿一个“电话”，尽量走得远一点，然后一个把嘴巴对着杯子里讲话，一个把杯子扣在耳朵边听。你可以说“喂，你是宝宝吗？”观察宝宝的反应。宝宝听到妈妈的声音从杯子里传出来，会特别激动。

3 让宝宝也对着话筒讲话，你仔细地听，然后回答。

4 反复玩几次这个游戏。

也可以这样玩

每次宝宝回家之前，通过门禁对讲，让宝宝回答自己的名字，今天干什么去了，现在要回家，请爸爸妈妈或其他家人开门。这个游戏可以视作纸杯游戏的真实版，可以锻炼宝宝的社交互动能力，需要家人的配合才能完成。

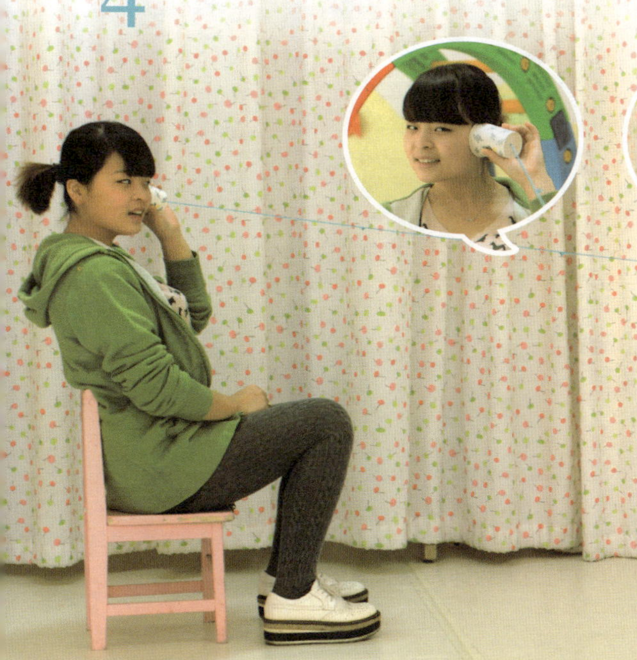

抛接球
促进空间知觉的发展

益智游戏好处多

锻炼宝宝的手眼协调性，促进其空间知觉的发展，增强宝宝的感受性。空间智能影响着宝宝认知能力的发展，及早地识别和培养宝宝的空间智能，对其今后各方面智能的发育都有着重要的意义。

- 温度适宜的户外
- 较开阔的场地
- 游戏时间：15分钟

材料准备：一个小皮球

游戏步骤

1 爸爸妈妈和宝宝围成圈站好，三人之间保持70~80厘米的距离。

2 妈妈手拿球，宝宝伸出双手准备接球。

3 妈妈将球抛给宝宝，宝宝接住球，再抛给爸爸。反复进行。

也可以这样玩

爸爸妈妈和宝宝站成一圈，互相踢球，可以锻炼宝宝腿部力量和身体的协调性。

飞机拉线
激发求知欲

益智游戏好处多

引导宝宝观察自然界和社会中的事物，多问几个为什么，培养宝宝善于发现问题的能力，从而引导其进一步探究事物真谛。这个时期的宝宝对一切都充满了好奇，有意识地引导可以激发宝宝的求知欲，提高探索科学奥秘的兴趣。

- 宝宝注意力较集中时
- 游戏时间：15分钟

材料准备：一个空杯子、一根冰棍

游戏步骤

1 引导宝宝观察飞机尾部在天空中留下的一道白烟。

2 在空杯子里倒入半杯热水，观察杯子的上部就会发现有许多水蒸气。

3 拿冰棍靠近杯口，这时杯口上就出现了白雾。

也可以这样玩

雷电交加的天气，引导宝宝注意打雷、闪电等自然现象，并给宝宝讲一讲为什么会有这些现象和如何规避危险。

遇到危险怎么办

认识紧急电话

益智游戏好处多

生活能力的培养需要从点滴入手。这个游戏需要在平日教育的基础上进行，要让宝宝不仅认识、还要能够区分三个电话的不同用途。日常生活中存在着一些不安全隐患，注意培养宝宝树立安全防范意识可以减少灾难的发生，或将伤害的程度降低。

- 室内游戏桌旁
- 宝宝兴致较高时效果更好
- 游戏时间：15分钟

材料准备：救护车、消防车、警车的图片或玩具，妈妈制作“119”、“110”、“120”三张卡片

游戏步骤

1 指导宝宝认识电话机上的数字，告知他拨打电话的方法。

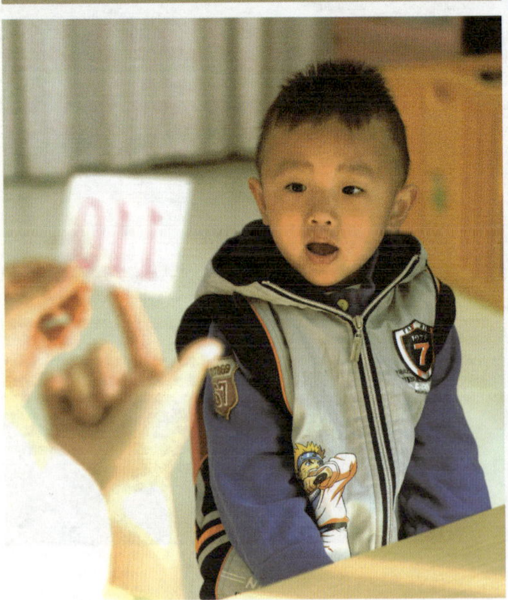

2 妈妈拿出救护车的图片或玩具说：“我生病了，要去医院，宝宝快打电话吧。”提示宝宝拿出相应的图片及电话号码卡片。

3 接着妈妈再设计其他的情节，提示宝宝拿出相对应的图片和电话号码卡片。

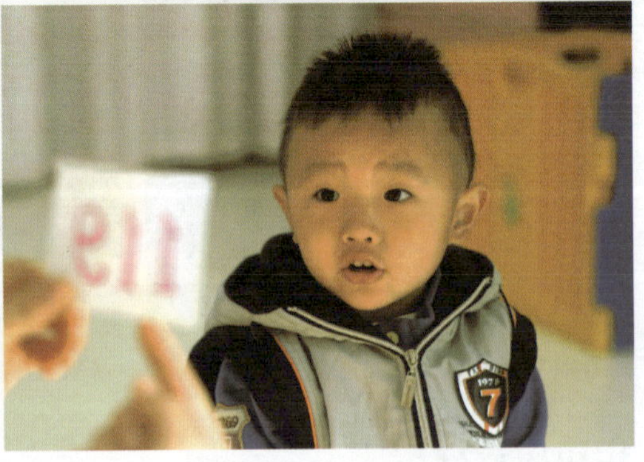

也可以这样玩

爸爸来扮装成警察、消防员、医生，配合宝宝的游戏。

神奇的静电
探索科学世界

益智游戏好处多

生活中有时会出现一些令宝宝感到惊奇的现象，静电就是一种。下面这个游戏中，妈妈和宝宝一起感受静电的神奇，不但能让宝宝对静电有一个简单的认识，还可以增强宝宝对动手做实验的热爱，培养宝宝的动手能力。

- 光线充足的室内
- 游戏桌旁
- 游戏时间：15分钟

材料准备：一小撮胡椒粉和盐、一个塑料汤匙、一块羊毛布或其他毛皮

游戏步骤

1 妈妈将胡椒粉和盐混合，然后把它们轻撒于游戏桌上。

2 让宝宝用羊毛布摩擦塑料汤匙 1~2 分钟。

3 让宝宝将摩擦过的塑料汤匙移到盐和胡椒粉的上方，再慢慢往下移动。可以发现，胡椒粉会跳上来吸附在汤匙上面。

4 让宝宝继续把汤匙往下移动，可以观察到最后盐也会跟着吸到汤匙上。

5 最后，妈妈向宝宝说明胡椒粉和盐被汤匙粘上去的原因，是因为经过摩擦后的汤匙有静电，所以胡椒粉和盐会被吸上去，而胡椒粉比盐早被静电粘上去的原因就是因为它比盐轻。

也可以这样玩

把纸切成小碎片，用毛皮摩擦过得塑料棒或塑料汤匙接近碎片，也能发现碎片会被塑料棒或塑料汤匙吸起来，原理和上面的游戏一样。当宝宝有过这样的经验后，可以让宝宝自己尝试用玩具制造静电。

自制动力小火车

发展动手能力，增加成就感

益智游戏好处多

鼓励宝宝自己动手制作玩具，可以极大地调动宝宝的积极性和参与感。在动手的过程中可以发展手部精细动作能力，促进智力的提高。成功的喜悦将会有助于对宝宝积极情感的培养，以造就他积极进取的优秀品质。

- 室内的游戏桌上
- 宝宝对自己动手感兴趣时
- 游戏时间：15分钟

材料准备：几个长方形药盒和一个小塑料药瓶、一些饮料瓶盖、一些曲别针、一个锥子、小贴画、彩色卡纸和双面胶

游戏步骤

1 剪掉药盒的一面做火车车厢。在车厢下部两边用锥子各扎两个洞，把饮料瓶盖塞进去，瓶盖就成了轱辘。

2 用曲别针把车厢连起来。在车厢上贴上不同动物的小贴画，当做乘客。

3 用一个最大的药盒当火车头，用彩色卡纸剪一扇门和一扇窗，贴在火车头上。

4 在火车头上部剪一个小洞，把小药瓶倒着插进去，就成了一个火车烟囱啦！

也可以这样玩

家长要和宝宝一起来动手，用到锥子时由家长来帮忙。不要让宝宝拿锥子、曲别针玩耍，以免发生危险。

练习用筷子
锻炼手部灵活性和控制力

益智游戏好处多

用筷子夹食物是非常精细的动作，能够很好地发展宝宝的小肌肉动作能力。随着独立意识的增强，宝宝能够独立做好一些日常生活中力所能及的事情，鼓励宝宝做一些和自己密切相关的事情，能为他养成良好的生活习惯、拥有生活自理能力奠定基础。

- 光线明亮的室内
- 游戏桌上
- 宝宝对自己动手感兴趣时
- 游戏时间：15分钟

材料准备：一双宝宝筷子、两个小碗、海绵、棉花、沙包、小玩具等

游戏步骤

1 妈妈示范拿筷子，教宝宝正确使用筷子的方法，让宝宝模仿。

2 把海绵、玩具等放入一个碗中，另一个碗并排挨着放，让宝宝把碗中的物体夹到另一个碗中。

3 拉大两个碗的距离，或者换一些比较难夹的物体让宝宝夹。反复练习，夹的动作就会熟练。

4 吃饭的时候鼓励宝宝使用筷子，不要在饭桌上批评宝宝。

也可以这样玩

让宝宝夹食物喂娃娃会让宝宝忘记动作的难度，使游戏变得更有兴趣。

我来学刷牙
生活技能训练

益智游戏好处多

3岁左右的宝宝具有强烈的独立意识，这个时期是培养宝宝良好生活习惯的最佳时期。在游戏中融入生活技能的训练，让宝宝在玩中学到刷牙的方法，对于宝宝养成独立的生活能力大有帮助。

- 早上和睡前洗漱时
- 宝宝兴致较高时效果更好
- 游戏时间：15分钟

材料准备：宝宝牙刷、牙膏、牙杯

游戏步骤

1 妈妈先熟悉歌谣。

《刷牙歌》

水杯接水半杯满，牙刷入杯要浸湿。
挤出牙膏黄豆大，再给牙膏戴帽子。
喝口水来漱漱口，小小牙刷手中拿。
上排牙齿向下刷，下排牙齿向上刷。
咬合面上来回刷，牙齿内侧也要刷。
刷完牙，漱漱口，牙膏沫沫吐出来。
牙刷牙杯洗一洗，轻轻摆来放整齐。
刷完牙，擦擦嘴，牙齿白净人人夸。

2 给宝宝示范接水、挤牙膏、刷牙的动作。

3 按照歌谣顺序指导宝宝学会刷牙。

也可以这样玩

早晚刷牙时间请爸爸和宝宝一起来刷牙吧。比一比，看看谁的牙齿最白净。

模特表演
训练生活自理能力

益智游戏好处多

宝宝乐意模仿成人，希望做一些能够得到成人认可的事，这是一种社会赞许的需要，爸爸妈妈可在宝宝2岁左右时就慢慢培养这种习惯。丰富的想象力和表达能力的发展，对于宝宝以后的智力发展具有极大的促进作用。

- 光线明亮的室内
- 宝宝兴致较高时效果更好
- 游戏时间：15分钟

材料准备：宝宝的衣服、鞋子若干

游戏步骤

1 让宝宝自己挑选服装，配上鞋子。

2 让宝宝依次穿上衣服和鞋子，再给妈妈展示一下。

3 可以播放轻松欢快的音乐，让宝宝随着节奏走来走去。

也可以这样玩

准备一些芭比娃娃服装，让宝宝自己动手给芭比娃娃穿脱衣物、鞋帽，锻炼其动手能力和搭配能力。

开个生日会
培养认知和归纳能力

益智游戏好处多

假装开个生日会，让宝宝了解事情的进行顺序。这是一个排序游戏，而排序是宝宝在学会阅读以前一定要熟悉的技巧。了解事件发生的顺序或因果关系，需要较强的认知能力和背景资料归纳能力。

- 光线充足的室内
- 游戏桌旁
- 游戏时间：15分钟

材料准备：四张生日会的照片（也可以是郊游、在幼儿园的第一天等等）、大张的白色美术纸、水彩笔、桌子

游戏步骤

1 选择有开始、中场和尾声的照片。例如戴生日帽（照片 A）、点蜡烛（照片 B）、说再见（照片 C）。

2 在一大张美术纸上画 3 个排成一列的方框，比照片的尺寸大一点。在 3 个方框上分别标上序号 1、2、3。

3 让宝宝坐在桌子旁边，把美术纸摆在他前面。把 4 张照片摊开给他看。

4 提醒宝宝那是个什么活动，然后问：“最先发生了什么？”看他是不是可以挑出代表活动开始的照片 A。假如他需要协助，给他提示。

5 让宝宝把照片 A 放在序号为 1 的方框上面。接着找下一张照片，直到全部照片都按顺序放好为止。

也可以这样玩

如果宝宝有困难，就只用3张照片，并且提供很多提示。

找一本宝宝喜爱的便宜绘本，从开始剪下一页，从中间剪下两页，结束的地方剪下一页，让宝宝按照顺序把它们排好。

小小邮递员
发展记忆力和语言表达能力

益智游戏好处多

2到3岁的宝宝对于角色的模仿能力很强，对过家家等游戏乐此不疲。小小邮递员这个游戏可以让宝宝对邮递员的工作有一个简单的认识，还可以发展宝宝的记忆能力和语言表达能力。

- 宝宝对骑小车充满兴趣时
- 游戏时间：5分钟

材料准备：书包一个（最好是绿色的）、信封数个、宝宝的小自行车一辆

游戏步骤

1 妈妈先和宝宝一起把准备好的信封放到宝宝的小书包里面装好，然后跟宝宝说明游戏的规则，由宝宝来扮演邮递员，妈妈扮演收信的人。

2 妈妈先坐在沙发上，宝宝骑着小自行车去送信，先在房间转一圈，然后来到妈妈面前假装敲门。

3 妈妈假装开门，并问："你是谁啊？"宝宝回答说："我是邮递员，这有你家的信。"妈妈接着问："这是哪里来的信啊？"宝宝回答："北京。"然后宝宝拿出一个信封交给妈妈。

4 妈妈接过信并说："谢谢你，邮递员。"宝宝回答："不客气。"然后宝宝继续骑车在房间里转，再重新开始游戏。

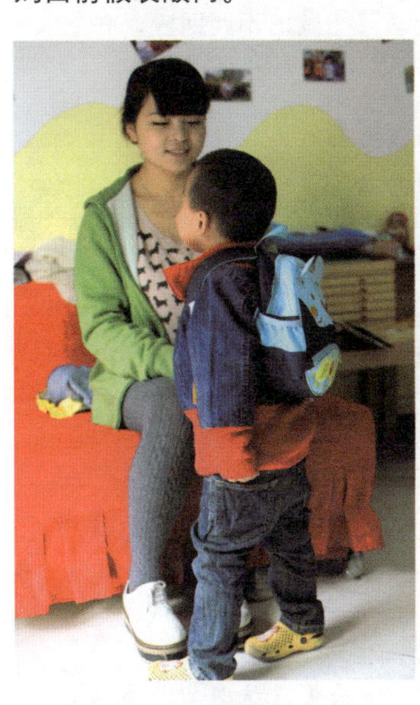

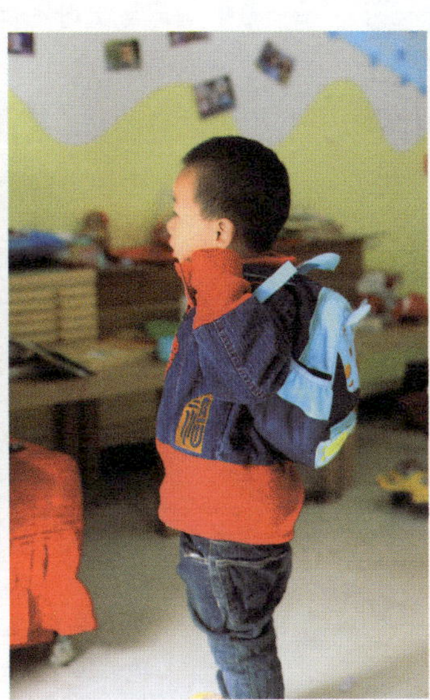

也可以这样玩

妈妈和宝宝也可以互换角色进行游戏。

每一次邮递员回答信是从哪里来的，都不能重复之前说过的地方。妈妈在游戏之前可以先跟宝宝说说各个城市的名称，如果宝宝在游戏的时候说不出来，妈妈可以给予适当的提示。

0~3岁宝宝体格智力发育指标

0~3个月

体格发育指标

		身长（厘米）	体重（千克）
第1个月	男孩	49.7~59.5	2.9~5.6
	女孩	49.0~58.1	2.8~5.1
第2个月	男孩	52.9~63.2	3.5~6.8
	女孩	52.0~61.6	3.3~6.1
第3个月	男孩	55.8~66.4	4.1~7.7
	女孩	54.6~64.5	3.9~7.0

智力达标参考

认知能力

- 可追视玩具并转头。

动作能力

- 看自己的手。
- 用手做够东西的动作。
- 握住放在手上的东西。
- 把手里的东西往嘴里送。
- 吮吸放在嘴里的玩具。
- 吮手指，尤其是大拇指。

语言能力

- 能发“啊、喔、呜、鹅”四个元音。
- 与父母“交谈”能做出不同回应，并能大声叫喊。

社交和生活自理能力

- 表现出偏爱妈妈。
- 能被逗笑。
- 能对镜注视、笑、发声。

爱心Tips

坚持母乳喂养，实施早开奶、早接触、早吸吮。

要给宝宝充分的皮肤接触，多搂抱、多抚摩。

学逗笑，练抬头，练习左右翻身和俯卧抬头，做宝宝体操。

积极和宝宝对话。

引导宝宝注意自己的小手。

4~6个月

体格发育指标

		身长（厘米）	体重（千克）
第4个月	男孩	58.3~69.1	4.7~8.5
	女孩	56.9~67.1	4.5~7.7
第5个月	男孩	60.5~71.3	5.3~7.3
	女孩	58.9~69.3	5.0~8.4
第6个月	男孩	62.4~73.2	5.9~9.8
	女孩	60.6~71.2	5.5~9.0

智力达标参考

认知能力

- 能区分严厉与亲切。
- 能意识到镜中人。

动作能力

- 能自己放东西到口中吃。

语言能力

- 可以发重复辅音两个以上。
- 能跟着父母呀呀学语。

社交和生活自理能力

- 开始认生。
- 会和父母“藏猫猫”。
- 可以听名回头。
- 大小便前能发出声音或用动作表示。
- 开始寻找玩具。

爱心Tips

让宝宝多看、多听、多摸、多运动、多闻、多尝。

宝宝翻身够取玩具时一定要注意别摔伤。

每天扶坐、扶站、扶蹦，引导抓悬吊玩具。

多做发音练习。

7~9个月

体格发育指标

		身长（厘米）	体重（千克）
第7个月	男孩	64.1~74.8	6.4~10.3
	女孩	62.2~72.9	5.9~9.6
第8个月	男孩	65.7~76.3	6.9~10.8
	女孩	63.7~74.5	6.3~10.1
第9个月	男孩	67.0~77.6	7.2~11.3
	女孩	65.0~75.9	6.6~10.5
月末牙数		0~6颗	

智力达标参考

认知能力

- 能分辨出亲人和陌生人。
- 能明显表示出自己的好恶。

动作能力

- 从俯卧转到仰卧，再连续翻滚。
- 可以扶栏杆自己站半分钟。
- 可以匍行取物。
- 可以模仿投篮。
- 可以拨弄或一把抓小物品。

语言能力

- 能发辅音爸爸、妈妈等。
- 能做1~2种动作表示语言，如用招手表示“再见”，拍手表示欢迎。

社交和生活自理能力

- 可以双手捧杯喝水。
- 会主动要求抱。
- 能找藏起的玩具。

爱心Tips

协助宝宝手膝爬行。

多教宝宝拍手点头、认物、找物。

克服宝宝的认生心理，培养与人交往能力。

10~12个月

体格发育指标

		身长（厘米）	体重（千克）
第10个月	男孩	68.3~78.9	7.6~11.7
	女孩	66.2~77.3	6.9~10.9
第11个月	男孩	69.6~80.2	7.9~12.0
	女孩	67.5~78.7	7.2~11.3
第12个月	男孩	70.7~81.5	8.1~12.4
	女孩	68.6~80.0	7.4~11.6
月末牙数	2~8颗		

智力达标参考

认知能力

- 可以听名称指出2种以上的物品或身体部位。

动作能力

- 扶宝宝站稳，放手后他能独自站10秒以上。
- 能反复翻书。
- 能在示范下搭2块积木。

语言能力

- 能发一个字音，表示特定的意思或动作，如“要”、“走”、“拿”等。

社交和生活自理能力

- 会找便盆并坐盆大小便。
- 知道利用工具够玩具，但不一定能取到。
- 懂得用勺盛起食物。
- 会随音乐、韵律扭动身体。

爱心Tips

训练宝宝手足爬行。

教宝宝学搭积木、踢皮球、用工具取玩具。

教宝宝学翻书、找图画。

给宝宝念儿歌、童话、诗歌，听音乐。

善于理解宝宝的特殊语言，要多沟通和表扬。

13~14个月

体格发育指标

		身长（厘米）	体重（千克）
第13个月	男孩	71.8~82.7	8.3~12.7
	女孩	69.8~81.2	7.6~11.9
第14个月	男孩	72.8~83.9	8.5~13.0
	女孩	70.8~82.5	7.8~12.2
月末牙数	8~14颗		

智力达标参考

认知能力

- 能分辨圆形、方形、三角形。
- 能听声取物2~3种。
- 能竖起手指表示“1”。

动作能力

- 开始蹒跚学步。
- 能手足并用爬上1~2级台阶。
- 能挑出3种几何图形。

语言能力

- 可以跟说儿歌最后一个字。
- 用点头或摇头表示意见。

社交和生活自理能力

- 听懂叫自己的名字。
- 能用语言表达大小便或主动坐盆。
- 能随节奏做简单的动作，如点头、拍手、踏脚、摇动身子等。

爱心Tips

适当时候让宝宝涂涂抹抹认颜色。

启发宝宝用语言表达自己的要求。

提供宝宝与同伴交往的机会，促进语言和社交能力。

理解宝宝的语言和动作，满足宝宝的正当要求。

培养宝宝独立生活的能力和习惯。

15~16个月

体格发育指标

		身长（厘米）	体重（千克）
15个月	男孩	73.7~85.1	8.7~13.2
	女孩	71.9~83.7	8.0~12.4
16个月	男孩	74.6~86.3	8.8~13.5
	女孩	72.9~84.8	8.2~12.6
月末牙数	8~16颗		

智力达标参考

认知能力

- 能从多种颜色中挑出某一种颜色。
- 能认动物，学动物叫。

动作能力

- 会举手过肩并抛出球。
- 能搭高4块积木。

语言能力

- 能正确回答自己的名字。
- 父母念儿歌时，能说出押韵的字。

社交和生活自理能力

- 会给娃娃盖被、喂饭。
- 能独立用勺吃饭。

爱心Tips

经常带宝宝到户外活动，训练宝宝独立走、跑的能力。

鼓励宝宝玩动手游戏，如搭积木、涂涂画画等，切不可因怕脏乱而干涉。

适时表示对宝宝行为的称赞和批评。

让宝宝学习穿脱衣服，配合洗浴。

17~18个月

体格发育指标

		身长（厘米）	体重（千克）
17个月	男孩	75.5~87.4	9.0~13.7
	女孩	73.8~86.0	8.3~12.9
18个月	男孩	76.3~88.5	9.1~13.9
	女孩	74.8~87.1	8.5~13.1
月末牙数	12~ 16颗		

智力达标参考

认知能力

- 能在众多物品中找出3件以上自己的物品。

动作能力

- 能自己扶栏上1~2级台阶。
- 能模仿父母放4~5个小球到容器内。

语言能力

- 能回答“有没有”的提问。

社交和生活自理能力

- 能按吩咐正确拿来3种以上的物品。
- 可以熟练用勺盛出食物。

爱心Tips

培养宝宝探索未知事物的兴趣。

教宝宝学习分类、比较、称谓。

配合宝宝玩角色游戏：如扮演售货员或顾客。

养成良好的睡眠、饮食习惯。

鼓励宝宝帮助妈妈做简单的家务。

19~20个月

体格发育指标

		身长（厘米）	体重（千克）
19个月	男孩	77.1~89.5	9.2~14.1
	女孩	75.7~88.1	8.6~13.3
20个月	男孩	77.9~90.6	9.4~14.4
	女孩	76.6~89.2	8.8~13.5
月末牙数	12~ 16颗		

智力达标参考

认知能力

- 能分辨5种以上声音，如动物叫声、风声、雨声等。
- 认识圆形、方形、三角形。
- 懂上下方位。

动作能力

- 能前后翻滚、越障碍。
- 能根据指示向不同方向抛球。
- 可以追球跑。
- 能搭高6块以上积木。

语言能力

- 能说单字句，比如“要”、“拿”、“不”等。

社交和生活自理能力

- 能确定同伴关系，喜欢和小朋友在一起玩。
- 能认路回家。

爱心Tips

进入语言发展的突发期，要鼓励宝宝说话。

给宝宝讲故事，鼓励其回答问题。

教宝宝学折纸、穿珠子、拆装玩具、捏橡皮泥、用棍取物。

进入第一反抗期，注意良好个性的培养。

培养宝宝等待、容忍的品行。

21~22个月

体格发育指标

		身长（厘米）	体重（千克）
21个月	男孩	78.7~91.6	9.5~14.6
	女孩	77.4~90.2	9.0~13.8
22个月	男孩	79.4~92.5	9.7~14.8
	女孩	78.3~91.1	9.1~14.0
月末牙数	8~14颗		

智力达标参考

认知能力

- 能回答4种以上物品的用途。
- 了解对应关系，能将实物和卡片配成对。

动作能力

- 可以爬上椅子够玩具。
- 能穿5个以上的珠子。

语言能力

- 会用代词，如用“我”代替自己的名字。
- 能用词表达自己的需要，能说3种以上。

社交和生活自理能力

- 会背诵数字1~5，不会点数。
- 能在固定的位置独立吃饭。

爱心Tips

多让宝宝练习奔跑、跳跃、抛接球、拍大皮球，促进动作协调发展。

让宝宝理解对应关系、所属关系。

可学习概念：大小、多少、高矮。

多鼓励宝宝玩过家家。

23~24个月

体格发育指标

		身长（厘米）	体重（千克）
23个月	男孩	80.2~93.5	9.8~15.0
	女孩	79.1~92.1	9.3~14.2
24个月	男孩	80.9~94.4	9.9~15.2
	女孩	79.9~93.0	9.4~14.5
月末牙数	16~ 20颗		

智力达标参考

认知能力

- 宝宝能看图说出3种以上不同人的职业。
- 能说对5种自然现象，如白天、晚上、晴天还是下雨等。

动作能力

- 能双脚跳离地面2次以上。

语言能力

- 能背诵整首他喜欢的儿歌。

社交和生活自理能力

- 能连续翻书3页以上。
- 注意力能集中2分钟以上。
- 会自己戴帽子，能配合穿衣、脱衣。

爱心Tips

增加宝宝跑、跳、攀登、投接球的活动。

看图讲故事，让宝宝回答问题。

教宝宝复述见闻、说完整句子、背儿歌、按节奏唱歌。

可给宝宝练习给扑克牌分类接龙。

教宝宝学会称呼人。

25~27个月

体格发育指标

		身长（厘米）	体重（千克）
25个月	男孩	81.7~95.2	10.1~15.5
	女孩	80.7~93.9	9.6~14.7
26个月	男孩	82.4~96.1	10.2~15.7
	女孩	81.5~94.8	9.7~15.0
27个月	男孩	83.2~96.9	10.3~15.9
	女孩	82.3~95.7	9.9~15.3
月末牙数	18~ 20颗		

智力达标参考

认知能力

- 会分辨4组以上日常生活中的“大小”、“多少”、“高矮”、“长短”等相反概念。

动作能力

- 能双足离地跳远，跳远后能站稳。
- 能夹1~2个枣到碗里。

语言能力

- 能说出包括主语、谓语、宾语的完整句子。

社交和生活自理能力

- 会用声音表示喜怒等情绪。
- 会自我介绍：名字、年龄、性别，会说出爸爸、妈妈的名字。
- 会自己穿鞋但分不清左右。

爱心Tips

鼓励宝宝跑、跳、上下楼梯、滑滑梯、荡秋千、金鸡独立、骑三轮车等，以增强体质，促进大脑协调发展。

多带宝宝出去玩，学习与同伴分享玩具和食品。

28~30个月

体格发育指标

		身长（厘米）	体重（千克）
28个月	男孩	83.9~97.6	10.5~16.2
	女孩	83.0~96.5	10.1~15.6
29个月	男孩	84.7~98.4	10.6~16.5
	女孩	83.8~97.3	10.2~15.8
30个月	男孩	85.4~99.2	10.8~16.7
	女孩	84.5~98.1	10.3~16.2
月末牙数	20颗		

智力达标参考

认知能力

- 能按指令拿出5种以上颜色的物品。
- 能准确挑出4种以上的几何图形。

动作能力

- 能踩着“S”形线走路。
- 可以按大小顺序套上6~8层的套桶。

语言能力

- 能说较长的句子。
- 能准确回答故事中的问题。

社交和生活自理能力

- 已经知道要排队耐心等待，如排队买东西等。
- 能完成力所能及的家务，如收拾玩具等。

爱心Tips

鼓励宝宝踢球、攀登、玩沙等，提高动作协调能力。

鼓励宝宝随意涂鸦、模仿画画、拼插造型，以发展想象力和创造思维能力。

培养宝宝观察能力，如认识事物的特点和自然现象。

培养宝宝守规矩、懂礼貌的品格。

31~33个月

体格发育指标

		身长（厘米）	体重（千克）
31个月	男孩	86.2~99.9	10.9~16.9
	女孩	85.2~98.9	10.5~16.4
32个月	男孩	86.9~100.6	11.0~17.2
	女孩	85.9~99.7	10.6~16.8
33个月	男孩	87.6~101.4	11.1~17.4
	女孩	86.6~100.5	10.8~17.0
月末牙数	20颗		

智力达标参考

认知能力

- 能挑出图片中的2个错误或不同。
- 将一些大小、颜色、形状不同的物品放在一起，会基本分类。
- 能口手一致数数，背数20以上。

动作能力

- 能自己爬3层游乐场的攀登架。
- 会模仿折2种折纸，如正方形、长方形等。

语言能力

- 能按顺序复述图片中的故事。
- 说话能有因果关系。

社交和生活自理能力

- 与父母一起玩“剪刀、石头、布”，宝宝知道输赢。
- 会模仿父母刷牙。

爱心Tips

教宝宝穿珠子、剪纸、折纸，发展手的精细动作。

给宝宝建立规矩，理解时间概念。

和宝宝一起看图找错、配对、找对应关系，发展观察力和想象力。

多让宝宝参加家务小劳动，学习购物。

34~36个月

体格发育指标

		身长（厘米）	体重（千克）
34个月	男孩	88.2~102.1	11.2~17.7
	女孩	87.2~101.2	10.9~17.3
35个月	男孩	88.8~102.8	11.3~17.9
	女孩	87.8~102.0	11.0~17.7
36个月	男孩	87.3~102.5	11.4~18.3
	女孩	86.5~101.4	11.2~17.9
月末牙数	20颗		

智力达标参考

认知能力

- 能画出2~3个人头轮廓，并填上眼、鼻、嘴等。

动作能力

- 能独立行走离地25厘米高的平衡木。

语言能力

- 能讲7~8个童话故事。
- 说话能用连词、助词、形容词等。

社交和生活自理能力

- 能以一问一答的形式向别人介绍自己和父母。
- 能独立完成穿脱衣服、鞋袜，整理床铺等。

爱心Tips

让宝宝参加较复杂的运动游戏，学会与人交往。

要因势利导，宝宝表现出来的兴趣，激发宝宝用复杂用语表达、提问、回答问题等。

加强宝宝生活自理能力的培养。

及时做好入园的心理准备。

图书在版编目（CIP）数据

0~3 岁宝宝益智亲子游戏 / 吴光驰编著 .—北京：中国纺织出版社，2013.8

（妈妈宝宝系列）

ISBN 978-7-5064-8321-6

Ⅰ. ① 0… Ⅱ. ①吴… Ⅲ. ①婴幼儿－智力游戏 Ⅳ. ① G613.7

中国版本图书馆 CIP 数据核字（2012）第 033366 号

责任编辑：胡 敏 韩 婧 责任印制：何 艳

中国纺织出版社出版发行

地址：北京市朝阳区百子湾东里 A407 号楼 邮政编码：100124

邮购电话：010–67004461 传真：010–87155801

http：//www.c-textilep. com

E-mail：faxing@c-textilep. com

北京千鹤印刷有限公司 各地新华书店经销

2013 年 8 月第 1 版第 1 次印刷

开本：710×1000 1/16 印张：17

字数：283 千字 定价：39.80 元（附赠挂图）
